La richesse n'est pas produite

ou

Essai sur la nature et l'origine
de la valeur marchande
et la richesse matérielle

Questions Contemporaines

Collection dirigée par J.P. Chagnollaud, B. Péquignot et D. Rolland

Chômage, exclusion, globalisation… Jamais les « questions contemporaines » n'ont été aussi nombreuses et aussi complexes à appréhender. Le pari de la collection « Questions Contemporaines » est d'offrir un espace de réflexion et de débat à tous ceux, chercheurs, militants ou praticiens, qui osent penser autrement, exprimer des idées neuves et ouvrir de nouvelles pistes à la réflexion collective.

Derniers ouvrages parus

Hélène HATZFELD, *Les légitimités ordinaires,* 2011.
Riccardo CAMPA, *La place, et la pratique plébiscitaire,* 2011.
Bernard LAVARINI, *La Grande Muraille nucléaire du IIIe millénaire, Plaidoyer pour un bouclier antimissiles européen*, 2011.
Arnaud KABA, *Le commerce équitable face aux réalités locales : l'exemple d'une plantation de Darjeeling*, 2011.
Christian SAVÈS, *Éthique du refus. Une geste politique*, 2011.
Marieke LOUIS, *L'OIT et l'Agenda du travail décent, un exemple de multilatéralisme social*, 2011.
Paul AÏM, *Où en sommes-nous avec le nucléaire militaire ?,* 2011.
Michel ADAM, *Jean Monnet, citoyen du monde. La pensée d'un précurseur*, 2011.
Hervé HUTIN, *Le triomphe de l'ordre marchand,* 2011.
Pierre TRIPIER, *Agir pour créer un rapport de force, Savoir, savoir agir et agir*, 2011.
Michel GUILLEMIN, *Les dimensions insoupçonnées de la santé*, 2011.
Patrick Dugois, *Peut-on coacher la France ?,* 2011.
Jean-Pierre LEFEBVRE, *Architecture : joli mois de mai quand reviendras-tu ?*, 2011.
Julien GARGANI, *Voyage aux marges du savoir. Ethno-sociologie de la connaissance*, 2011.
Stanislas R. BALEKE, *Une pédagogie pour le développement social*, 2011.
Hélène DEFOSSEZ, *le végétarisme comme réponse à la violence du monde,* 2011.
Georges DUQUETTE, *Vivre et enseigner en milieu minoritaire. Théories et interventions en Ontario français*, 2011.

Frank Mistiaen

La richesse n'est pas produite

ou

Essai sur la nature et l'origine de la valeur marchande et la richesse matérielle

L'Harmattan

Titre original : *Essai sur la nature et l'origine de la valeur marchande et la richesse matérielle,* Éditions Persée, 2007

5-7, rue de l'Ecole-Polytechnique, 75005 Paris

http://www.librairieharmattan.com
diffusion.harmattan@wanadoo.fr
harmattan1@wanadoo.fr

ISBN : 978-2-296-56140-3
EAN : 9782296561403

I

DU RAPPORT DE NOS IDÉES À LA RÉALITÉ ET DE LEUR DIFFÉRENCE À CET ÉGARD

S'il est ainsi que la réalité ne nous est connue qu'à travers son rapport avec les formes de notre pensée que sont les idées, la modalité de ce rapport est celui du jugement. Nous disons donc : ceci est une fleur, là-bas est la montagne ou encore et finalement : voilà la réalité ou le monde. Or, il y a dans le rapport qu'établit ce jugement deux aspects qu'il importe de bien distinguer. D'une part, il y a ce qui me détermine à énoncer ce jugement et par où se manifeste la réalité, de l'autre, il y a moi qui énonce, qui désigne une réalité d'une certaine manière qui, pour moi et d'autres, a un sens. Du point de vue de ce rapport, nos idées diffèrent considérablement : tantôt c'est la chose même qui commande presque souverainement mon jugement, tantôt c'est moi-même qui désigne librement telle réalité par tel nom. Ainsi, les couleurs, les sons, les odeurs et les saveurs touchent nos sens de façon à emporter immédiatement notre opinion. Nous affirmons sans hésitation aucune de certaine chose qu'elle est amère ou douce, qu'elle est verte ou qu'elle est jaune. Aucune initiative n'est ici laissée à l'esprit ; tout au plus reste-t-il parfois quelque incertitude à la marge comme entre deux couleurs voisines. Mais, d'une manière générale, les sensations que nous éprouvons décident seules de notre jugement quant à leur qualité, si bien que s'il nous venait à l'esprit d'appeler jaune ce que nous percevons comme vert, nous serions par la suite bien obligés d'appeler vert ce qui nous apparaîtrait jaune et que nous aurions simplement changé un mot pour un autre.

Il n'en va plus de même avec les concepts généraux des choses sensibles naturelles telles les idées de l'arbre, du cheval ou de la pierre. Car, dans l'usage que nous faisons de ces notions, il y a une indétermination croissante par le fait que nous rassemblons sous ces concepts un grand nombre de choses qui, quoique ressemblantes entre elles, diffèrent sous certains aspects. Aussi, afin de former ces concepts, nous devons privilégier certaines caractéristiques communes à d'autres, que nous considérerons alors comme mineures ou accidentelles. Et il n'est guère douteux que dans ce choix ne s'exprime la volonté de notre pensée classificatrice dont les motivations sont de l'ordre de la commodité ou de l'économie de la pensée, de notre désir de pouvoir nous retrouver dans le monde qui nous entoure, de pouvoir en communiquer avec d'autres, enfin de l'usage que nous faisons des choses qui sont dans la Nature.

Cette liberté de la pensée apparaît encore davantage dans les objets culturels ou artefacts dont non seulement le nom mais aussi la composition sont forgés par nous. La plupart des objets qui meublent notre quotidien appartiennent à cette catégorie et répondent à un besoin ou servent à un emploi bien précis. Aussi n'est-ce point principalement au regard de leur forme ou aspect extérieur que nous les nommons mais plutôt en considérant la fonction à laquelle ils sont destinés. Tout se passe donc comme si nous appelions ces objets en connaissance de cause et cette expression convient en effet pour le mieux puisque c'est bien nous-mêmes qui, à la fois, sommes la cause de ces objets, de leur existence formelle et du concept par lequel ils sont désignés.

Considérant les problèmes philosophiques que peuvent poser ces diverses espèces d'idées, on peut dire de la première qu'elle soulève la question de l'existence ou de l'être et, cette question étant métaphysique, je ne l'aborde pas ici, l'ayant fait ailleurs; quant à la dernière, la détermination de ces concepts se résout dans notre propre activité créatrice et elle est par conséquent à notre égard parfaitement claire.

Il existe toutefois des concepts de réalités bien connues qui, bien qu'issues sans aucun doute de la main et de l'esprit des hommes, nous apparaissent pareils à des données extérieures dont l'origine nous semble cachée et comme ensevelie sous les millénaires de l'histoire humaine. Il s'agit en effet de réalités que nous rencontrons dans toutes les civilisations dont nous avons connaissance jusqu'aux plus anciennes au point que, tout en ne pouvant être que d'institution humaine, leur présence a fini par revêtir un caractère quasi naturel. Ces réalités ne sont toutefois nullement matérielles car elles tiennent uniquement aux relations entre les hommes vivant en société. Ainsi, nous observons d'abord que, de tout temps, ont existé entre les hommes, au-delà des liens biologiques, des relations d'autorité et de soumission qui sont la forme primitive de l'Etat, puis : que dans toute société historique se présente un rapport social dans lequel des objets changent de main pacifiquement à la faveur d'un accord sur la proportion selon laquelle ces objets seront échangés, ce qui est l'expression la plus générale du Prix ou de la Valeur marchande. Etat, Echange et Valeur marchande existent dans nos sociétés sans que nous sachions ni leur origine ni donc leur véritable nature. Voilà deux questions qu'il est important à mes yeux de résoudre, quoique l'importance pratique de la première ne soit pas égale à l'autre.

La raison du problème qu'ils nous posent, soit l'absence d'un commencement historique de l'Etat comme de l'échange, devrait par elle-même exclure toute réponse historique bien que celle-ci ne puisse être écartée a priori ; l'anthropologie moderne nous ayant fait connaître dans le détail les sociétés sauvages dépourvues à la fois d'Etat et d'échange marchand, que chacun s'accorde pour saluer comme des survivants de l'aube de l'humanité. Ne sont-elles pas la preuve en effet que ces deux réalités sociales ont dû naître de l'initiative des hommes ? Toutefois, retrouver cette histoire pour en quelque sorte la raccorder à celle que nous enseigne la science historique est une entreprise hasardeuse, pour ceci qu'elle ne serait qu'œuvre de l'imagination aussi perspicace fût-elle, si bien que ces hypothèses et ces conclusions ne laisseraient pas d'être rejetées par celui qui ne serait d'emblée conquis par elles et que nous ne saurions lui opposer aucun argument pour le convaincre. Car l'histoire se construit sur les faits tels que ses méthodes les restituent et une histoire imaginaire ne pourrait se fonder que sur des faits imaginaires dont chacun peut à sa fantaisie et selon ses convictions intimes nier ou accepter la véracité.

Nous n'emprunterons donc pas cette voie que j'ai suivie autrefois mais j'examinerai le problème de la valeur dans l'état et tel qu'il se présente ici et maintenant. Je ne traiterai pas davantage de l'Etat car la question de son origine et de sa nature n'a pas la même importance: si pour lui il s'agit d'en connaître l'usage, soit l'étendue de ses attributions et de son pouvoir, il ne sera pas nécessaire à cette fin de se pencher sur l'histoire de sa naissance; de même qu'un seul et même édifice peut servir à des emplois différents, de même la puissance étatique semble pouvoir se mettre au service de fonctions diverses. Mais de la richesse que constitue la valeur, dont la poursuite est le but que se proposent la majorité des hommes, il importe de bien comprendre la nature car la réussite de cette quête en dépend et de notre ignorance à son égard peut résulter l'inadéquation des moyens que nous employons à l'acquérir.

Il n'est pas certain en effet que nous connaissions bien une chose du seul fait que nous la désirons ardemment. Pourtant, nous pensons tous connaître la richesse et en quoi elle consiste. Or, cette prétendue connaissance n'est que le reflet de nos habitudes et du mimétisme social que crée sa recherche incessante. Et bien qu'il soit toujours possible en la circonstance de se satisfaire de cet état de notre savoir qui est avant tout un savoir mondain, un savoir convenu en quelque sorte dont la vérité compte peu, à l'instar du savoir-vivre qui est en partie fait de conventions arbitraires, j'estime néanmoins que nous pouvons tirer quelque avantage d'un examen plus approfondi: la course aveugle vers la richesse peut attirer le malheur sur la société. La science est toujours profitable bien que, en cette matière, chacun croît en être assez pourvu. Mais tout comme le bon sens n'est pas la chose la mieux partagée du monde à cause que tous ceux qui sont si difficiles à satisfaire en tout autre chose n'ont point coutume d'en désirer plus qu'ils n'en ont... la vraie nature de la richesse n'est pas mieux connue à cause que tous ont coutume d'en désirer plus qu'ils n'en possèdent.

Je poserai ici la question de la nature de la valeur marchande, puis de sa définition, je déduirai les modes selon lesquels elle peut être acquise et constituer la richesse.

II

DE LA NATURE DE LA VALEUR MARCHANDE

La condition à laquelle la notion de prix et de valeur peut présenter un problème – non point métaphysique mais pratique – pour nous en tant qu'hommes agissant dans le monde est double: qu'elle s'impose comme une donnée quasi-naturelle semblable aux qualités sensibles, ensuite que nous soyons persuadés en même temps qu'elle provient d'un rapport humain actif aux choses ainsi dotées de prix ou de valeur. Cette double condition exclut deux possibilités: d'abord que le prix soit une qualité de la chose comme la couleur ou la consistance pour la perception desquelles nous sommes toujours dans la position du patient et où la subjectivité de ces qualités ne procède jamais de notre attitude à l'égard de la chose mais uniquement de la constitution de notre sensibilité. Ensuite, que la notion de prix ne saurait dériver d'une simple opération intellectuelle par laquelle nous rassemblons sous un même concept des choses considérées premièrement dans la diversité. Le prix n'est pas une abstraction: il ne s'applique pas aux différentes marchandises comme le concept de l'arbre à toutes les plantes que nous subsumons sous lui. Afin de mieux illustrer ce propos, je remarquerai ici à titre d'exemple que toute chose ayant un prix sert à quelque emploi, est destinée par nous à quelque fin utile. Or, ces fins sont des plus variées et tout à fait dissemblables. Cependant, faisant abstraction de cette diversité, on pourrait alléguer que toute marchandise convient aussi à quelque usage et que, par conséquent, il serait plausible de voir dans le prix d'une chose le reflet ou l'expression de l'usage que nous en avons. Si toutefois l'artifice d'une telle proposition nous saute directement aux yeux, c'est que nous remarquons aussitôt l'écart entre l'unité purement abstraite et intellectuelle que nous créons par le concept général d'usage et la qualité unique et réelle qu'exprime le prix et qui doit se rattacher à un rapport humain, lui aussi réel, unique et efficace aux choses possédant de la valeur.

Les économistes ont souvent coutume de distinguer entre la valeur d'usage et la valeur d'échange d'une chose et, bien que les usages soient multiples et divers, cette notion semble prendre chez eux une signification plus concrète qu'une simple abstraction. Mais cela tient uniquement à ce qu'ils appellent valeur d'usage, la variation de la valeur d'échange de plusieurs objets au regard de leur plus ou moins grande abondance. Ainsi, l'eau aura une très grande valeur d'usage comparée à celle du diamant puisque sa raréfaction augmenterait sa valeur beaucoup plus fortement qu'il n'en serait pour ce dernier. Parlant mathématiquement, la valeur d'usage est d'une certaine manière la différentielle de l'évolution de la valeur d'échange en fonction de la rareté relative de la marchandise considérée. Il ressort en outre de cette analogie que cette valeur d'usage n'est d'aucune autre nature et qu'elle ne diffère de la valeur d'échange que par la quantité, de même que les valeurs d'une variable dans une fonction comme celles de sa différentielle sont, les unes et les autres, des grandeurs mathématiques.

Après avoir ainsi bien circonscrit ce que nous cherchons par la définition même des conditions auxquelles peut se poser le problème de savoir ce qu'est le prix, il faudra maintenant nous tourner vers la situation actuelle dans laquelle apparaît le prix et qui est l'échange.

Il y a prix chaque fois que deux personnes, d'un commun accord, échangent la possession d'une ou plusieurs choses dont ils disposent librement, dans un rapport quantitatif établi préalablement. Une quantité d'un produit A est échangée contre une quantité d'un produit B, et le rapport entre les deux est appelé le prix. Il s'ensuit que, dans ce genre d'échange où des marchandises sont troquées directement les unes contre les autres, le prix ne vaut que pour cet échange particulier et n'a pas de valeur plus générale, comme c'est le cas lorsque nous rapportons toute marchandise à un étalon universel qui est la monnaie. Or, il est à remarquer que, pour l'objet de notre recherche, cette particularité n'est pas essentielle. Qu'un prix soit exprimé immédiatement dans un rapport entre marchandises ou médiatement par le recours à la monnaie ne modifie en rien son rôle qui est d'exprimer une chose en une autre chose : en disant : « ceci vaut cela » le prix définit une équivalence, c'est-à-dire quelque chose qui, dans les quantités de marchandises échangées, est estimée identique, soit la valeur. Suivant l'usage en cours, nous dirons ainsi que le prix exprime la valeur. Faut-il pourtant en conclure qu'entre le prix et la valeur se trouve la différence analogue à celle qu'il y a entre les degrés de l'instrument de mesure et la grandeur physique mesurée et qu'il y aurait en quelque sorte une « substance » de la valeur dont le prix serait l'indicateur ? Il me semble que non car l'écart apparent entre le prix et la valeur vient uniquement de ce qu'il existe plusieurs manières d'exprimer le prix d'une même chose selon les divers rapports d'échange où elle peut entrer. Mais cette circonstance ne nous fait aucunément sortir du domaine de l'échange et il faudrait, afin de pouvoir distinguer entre cette supposé valeur intrinsèque et le prix de la chose, qu'un rapport fixe puisse être établi entre celui-ci et quelque chose en dehors de l'échange. Or, rien ne permet à cet instant de notre réflexion pareille hypothèse : le prix n'apparaît que dans l'échange ; il peut y être exprimé de façon variable, selon l'échange envisagé, mais jamais en son absence. Faire, dans ces conditions, une distinction entre prix et valeur, au seul prétexte qu'un même objet est estimé à différents prix, c'est formuler une conjecture gratuite qui risque de nous égarer plutôt que de nous conduire au but recherché.

Mais puisque tout prix apparaît dans l'échange, il faut partir de l'échange ; celui-ci se réalise par le moyen du prix. Cependant, il faut encore ici examiner le rapport inverse et se demander si le prix est consubstantiel à l'échange et s'il est possible de le concevoir sans exprimer nécessairement les choses concernées l'une dans l'autre. Au premier abord, il semble que cela puisse se faire : ne nous arrive-t-il pas parfois d'échanger des objets pour le seul usage que nous en avons? Dans ces occasions, on dit souvent: je n'ai plus besoin de ceci, toi tu en as; tu n'as plus besoin de cela, moi j'en ai… on échange? Des échanges se font parfois de cette manière. Mais outre qu'ils sont rares et ponctuels, ils ne peuvent guère aboutir que s'il est loisible d'ignorer la valeur marchande des choses. Même s'il n'en a plus l'usage, on voit rarement quelqu'un troquer sa maison pour une chaise ou son cheval pour un lapin, si bien qu'on peut en effet tenir pour anecdotique ce genre d'échanges.

Il est toutefois une théorie qui pense pouvoir fonder l'échange par des considérations indépendantes du prix, et celle-ci doit retenir ici notre attention puisqu'en promettant d'expliquer l'échange sans faire intervenir le prix, elle pourrait du même coup éclairer la nature de celui-ci. Je veux parler ici du principe de la division du travail, qui est encore de nos jours jugé pertinent par la majeure partie des économistes pour la compréhension de la naissance de l'économie d'échange. Car la théorie part d'un constat simple et irréfutable: la spécialisation et, par là, la diversification croissante des métiers au cours de l'histoire. Elle en trouve la raison plausible dans la recherche d'une productivité accrue du travail humain, par cette observation aisément vérifiable que l'adresse de l'artisan et la qualité d'exécution d'un ouvrage sont améliorées par la répétition et l'expérience, de sorte que, un ouvrier bornant son industrie à la confection d'un seul article sera capable de le fabriquer plus rapidement et plus parfaitement qu'un autre se livrant à plusieurs métiers à la fois. Ainsi, par la division croissante du travail, seraient créées les conditions de production conduisant à l'émergence de l'échange et du prix. Et bien que ce raisonnement nous paraisse naturel à force de le faire quasi quotidiennement, nous ne devons pas négliger d'examiner avec soin toutes les articulations qu'il comporte car le travail humain y est en effet envisagé d'une manière générale sous l'aspect de sa productivité, soit sa capacité de produire un maximum de choses. Cette considération à son tour en contient deux autres nécessairement: la première est de regarder les choses manufacturées distinctement de leur mode de production et donc sous le seul aspect du désir que nous avons d'en disposer car, si ce désir suscitait en moi immédiatement l'action propre à me la procurer et donc de la produire au sens large du terme, je serais à jamais impuissant à imaginer d'autres modes plus efficaces d'y parvenir. Et cette première considération a ainsi comme corollaire la deuxième, qui consiste à voir dans ces mêmes choses le temps de travail requis à leur production. Ces deux réflexions se suivent à l'évidence dans l'ordre où elles ont été présentées : je ne peux m'intéresser au travail que demande la production d'une chose que pour autant que j'aie en moi le désir de la posséder sans avoir à la produire.

Il ne saurait donc y avoir instauration de la division du travail sans que nous entretenions avec les choses certains rapports qui s'appliquent à elles d'une manière uniforme et générale : celui de leur possession pure, celui de la quantité de travail nécessaire à leur production. En établissant ceci, nous n'avons certes pas répondu à la question ci-devant soulevée de la possibilité d'une conception de l'échange indépendant du prix ou de la valeur. Mais comme nous avions auparavant posé que la valeur doit se rattacher à un rapport réel et unique aux choses et que nous trouvons dans notre raisonnement sur la division du travail deux rapports qui satisfont à cette condition, il faudra plutôt nous interroger si un de ces deux rapports puisse être à l'origine de la valeur marchande. Or, rien qu'une absurdité manifeste ne saurait mettre en cause cette possibilité et, puisque tel n'est pas le cas, nous rechercherons ici lequel des deux rend compte de la valeur et du prix.

Avant de procéder à cet examen, nous devons toutefois encore nous assurer que ces deux rapports sont bien les seuls à pouvoir tenir ce rôle. J'avoue qu'ici aucune méthode sûre n'est à notre disposition sauf celle, empirique, de la critique des solutions historiques proposées de notre problème. On a accordé beaucoup d'importance à la notion de rareté dans les théories les plus récentes de la valeur marchande et qui semble aussi, à première vue, la plus proche du sens commun. C'est une vérité accessible à tous que les choses dont on fait commerce et qui ont valeur sont en règle générale de quantité insuffisante à satisfaire la demande, ce qui s'entend que, si une personne en dispose à sa convenance, telle autre en sera privée en tout ou en partie. La rareté relative des marchandises aussi est une qualité uniforme et universelle des choses au regard de notre volonté de les posséder. Or, bien qu'elle remplisse donc la condition définie ci-dessus, il est aisé de voir qu'elle ne peut à elle seule faire apparaître la valeur.

Observez seulement ce caillou ramassé sur la plage et comparez-le à tous les autres. Vous n'en trouverez point d'identique ; partant, sa rareté est absolue et cependant sa valeur est nulle. La rareté à elle seule ne génère aucune valeur ; elle ne peut que modifier la valeur relative des choses par leur plus ou moins grande abondance. Et cet exemple a de surcroît l'avantage de mieux éclairer l'objet précis de notre enquête : ce que nous cherchons n'est pas une théorie de la variation et de la formation des prix mais bien une théorie du prix ou de la valeur, autrement dit, de sa nature réelle.

Cette nature, disions-nous, doit se manifester dans un rapport efficace et unique que nous entretenons avec les choses. L'un de ces rapports est la production : toutes choses proviennent de quelque manière de l'effort que nous consentons. Que celui-ci soit une dépense d'énergie selon Marx ou « un sacrifice de loisir et de bonheur », aux dires d'Adam Smith, n'entre pas ici en ligne de compte. Notre affaire n'est pas de juger du travail, ni physiquement, ni moralement, mais simplement de décider si le rapport réel aux choses qu'il représente peut générer la valeur. En abordant cette question, une remarque s'impose d'emblée, qui peut sembler assez saugrenue, voire relever du truisme : lorsque nous sommes engagés dans la transaction et qu'il s'agit de fixer le prix d'une marchandise, nous ne nous soucions jamais du travail qu'il a coûté à la produire et à l'amener au marché. Certes, le vendeur ne se privera pas d'exciper de la difficulté de l'ouvrage, la pénibilité du transport... mais ces arguments sont appréciés très différemment selon qu'on veut acheter ou vendre et, finalement, ils appartiennent au rituel du marchandage ordinaire. Il faut en effet convenir que nous n'achetons pas du travail et que nous ne cherchons pas, afin de déterminer le juste prix de ce que nous achetons, à connaître la quantité de travail qu'il a fallu pour le fabriquer. Voilà l'évidence, mais il est bon de la rappeler pour bien comprendre que, s'il paraît à première vue envisageable que la valeur d'une marchandise soit toujours proportionnée à la quantité de travail nécessaire à la rendre disponible à la vente, cette proportion n'est jamais établie directement à l'initiative ni du vendeur, ni de l'acheteur, mais ne pourrait l'être qu'indirectement par des ajustements imposés par le fonctionnement du marché dans son ensemble et qu'on regardera de plus près.

La détermination des prix par la quantité de travail requise ne pouvant se faire directement à partir du travail, elle s'opère nécessairement en sens inverse, c'est-à-dire à partir du prix que les produits atteignent sur le marché.

Supposons un produit A qui demande 3 heures de travail et un autre, B, nécessitant 4 heures d'un travail comparable, et supposons encore que A et B se vendent au même prix. On s'attendra à ce que la production de B soit progressivement délaissée au profit de A, jusqu'à ce que leurs prix relatifs reflètent à peu près les quantités de travail requises. Il ressort de cet exemple assez vraisemblable que le prix d'une chose par rapport à une autre règle la quantité globale de travail qui sera affecté à sa production : le travail conçu comme une quantité donnée, homogène et divisible, agit en tant qu'ingrédient universel et indispensable à la production en nombre de toute chose et en fixe le prix par sa plus ou moins grande rareté pour une production donnée. Toutefois, en opérant de la sorte, le travail ne fait qu'ajuster les prix, les uns sur les autres, des marchandises dont l'abondance dépend directement de la quantité de travail que nous voulons bien destiner à leur fabrication. Le travail semble donc en effet le régulateur des prix ; en est-il pour autant aussi le générateur ? Je laisserai pour l'instant en suspens la réponse à cette question car son intérêt aussi pourrait se trouver singulièrement amoindri s'il était possible d'assigner un rapport constant entre une quantité de travail et le prix moyen du bien qu'il produit. Si tel fut le cas, le problème de la nature et de l'origine de la valeur perdrait de son importance par la substitution à la solution attendue d'un moyen précis de calculer en unités de travail la valeur de chaque chose manufacturée.

Moyennant la levée de quelques obstacles méthodologiques comme celui de la relation entre le travail simple et qualifié, il faut reconnaître que la théorie de la «valeur-travail» serait à la rigueur en mesure de décrire correctement un système où seraient produites un nombre déterminé de choses d'une composition parfaitement arrêtée avec des procédés de fabrication absolument invariables, par des hommes d'une habileté, endurance physique et ardeur constantes. Dans pareille économie, il deviendrait possible de faire correspondre le prix d'une marchandise à un certain nombre d'heures de travail nécessaire à sa production propre et à celle des outils et matières premières employés à sa fabrication.

Néanmoins, dans un tel système de production figé, la correspondance entre la valeur des marchandises dans l'échange et la quantité de travail requise n'est que pure coïncidence, elle-même la conséquence de cet immobilisme, de la même manière que les rapports fixes entre les positions des personnes dans la photographie d'une foule n'existent que dans cette photographie alors que, dans la réalité vivante, ils changent sans cesse.

La même image nous permet encore de démontrer l'indépendance entre ces différents instantanés desquels on peut affirmer pour chacun d'eux cette parfaite correspondance. Imaginons en effet un système stable comme nous venons de le définir, dans lequel le producteur de certaine marchandise parvient, grâce à de nouvelles techniques, à la produire avec moitié moins de travail. Abstraction faite de quelques éléments sans pertinence pour notre propos, nous dirons, par souci de simplification, que la valeur de cette marchandise devrait de la sorte être réduite de moitié conformément aux prévisions de la théorie de la valeur travail. Au lieu de cela, cependant, ce fabricant la proposera 25 % moins cher que ses concurrents. Admettons aussi qu'aucun d'eux ne réussit à adopter à temps ces nouveaux procédés, si bien que la compétition inégale sur les marchés finit par les éliminer tandis que le premier, en agrandissant ses capacités de production, pourvoira à l'ensemble de la demande. Si maintenant il dépense en achats divers le surcroît de profit qu'il réalise, il emploiera à nouveau la main d'œuvre qu'il aura mise au chômage dans un premier temps. Supposant encore qu'aucune autre modification n'intervienne dans la production des autres denrées dont la composition et le nombre demeurent les mêmes, il s'ensuit que le système des échanges finit par rentrer dans un état stable qui diffère toutefois du précédent, en ce que la valeur de la marchandise en question n'est plus la même calculée en heures de travail: lorsqu'il fallait dans la situation initiale a heures pour une unité vendue à un prix b, il en faut désormais a/2 pour un prix 3/4 b, ce qui revient à ce que moins d'heures auront produit plus de valeur.

Il est certes possible d'affirmer une seconde fois que, dans ce nouvel état stationnaire, la valeur de chaque marchandise équivaut à un temps de travail déterminé, mais l'incapacité de la théorie de rendre compte du passage d'un état à l'autre devient manifeste. La survenue de ces passages, en revanche, est bien réelle et même la règle par l'évolution des techniques et l'apparition de nouveaux articles sur le marché. Par conséquent, la théorie de la valeur-travail vaut pour une économie qui n'est pas ou qui ne se trouve que dans l'esprit de ceux qui la soutiennent vaille que vaille. Ainsi ne laisseraient-ils pas de rappeler en cet endroit que le maintien d'un prix bien au-dessus de ce requiert la production dans l'exemple ci-devant s'explique par la position de monopole dont jouit le fabricant. Et en effet: non seulement la parfaite et libre concurrence mais encore la diffusion immédiate de toute acquisition technique et commerciale dans l'ensemble de l'économie fait partie de ce monde idéal où il serait alors permis d'énoncer l'équivalence de la valeur d'échange d'un objet avec le temps de travail moyen nécessaire à sa production. Pour se défendre de discourir sur un monde imaginaire, ils rappellent souvent que l'économie tend continuellement vers l'équilibre de cet état théorique… C'est faire bien peu de cas de ce qui l'en éloigne sans cesse. Mais, dans cette «tendance» bien présente, je l'accorde, se révèle aussi le véritable rapport entre la valeur marchande des choses et le travail qui les produit: celui-ci opère en effet comme un genre de matière première universelle, utilisable indifféremment dans quelque production que ce soit. Et on préférera alors spontanément l'employer dans celles dont la valeur relative est la plus avantageuse, jusqu'à la faire baisser par l'abondance croissante de cette marchandise. Or, en s'appliquant ainsi selon la valeur relative des denrées, le travail ne fait que la modifier sans la créer d'aucune façon. Il n'est qu'un ingrédient entrant dans tout produit manufacturé et pas davantage que toute autre matière, aussi indispensable fût-elle, comme l'eau, la terre arable ou le pétrole nous ne pouvons voir en lui ni l'origine, ni le véritable support de la valeur marchande.

Par conséquent, à force de disqualifier le premier, il ne nous reste, pour définir la valeur, que le second de ces rapports uniformes que nous entretenons avec les objets, soit celui de vouloir posséder ceux qui, ordinairement, proviennent du travail humain sans avoir à les produire ni à en produire d'autres en contrepartie. Pour cela, nous n'arrivons pas à cette solution par défaut. Car elle doit apparaître à tout esprit non prévenu la réponse la plus simple et évidente à la question posée et, surtout, la plus proche du sens commun. Si jusqu'à présent elle n'a pas été retenue, c'est que, sous couvert d'analyser la valeur marchande, on a plutôt cherché à expliquer la formation des prix qu'à répondre à l'interrogation quant à la nature et l'origine de la valeur. Quelque légère qu'elle puisse paraître, cette confusion n'est cependant pas anodine. Nous aurons donc, et ceci fera l'objet de la suite de cet essai, à montrer avec la pertinence de la question soulevée, les conséquences pour la science économique de la réponse donnée.

III

DE LA NATURE DE LA RICHESSE ET DES MOYENS DE L'ACQUÉRIR

Nous avions examiné l'hypothèse de la division du travail comme explication possible de l'origine de l'échange marchand afin de prouver à ceux qui seraient le moins enclin à approuver nos conclusions que celles-ci découlent de leurs propres présuppositions. Car la division du travail implique deux considérations générales sur les choses en tant qu'elles sont le résultat de notre industrie : d'une part, on les regarde sous le seul aspect du désir que nous avons de les posséder et d'en avoir la jouissance ; de l'autre, on les envisage au travers de l'effort à fournir pour se les procurer par le travail. De la dissociation seulement de ces deux aspects dans notre esprit peut naître éventuellement la division du travail. Toutefois, notre propos ne fut pas tant d'expliquer celle-ci que de nous en servir pour mettre en lumière ces deux rapports que nous entretenons avec les choses et que rien n'empêchait a priori d'être la cause de la valeur marchande. Or, en récusant le travail productif comme source de la valeur, nous avons conclu, par élimination en quelque sorte, que la valeur d'une chose se mesure au désir socialement exprimé de la posséder concurremment aux autres avec lesquelles elle peut s'échanger. Cependant, cette preuve par exclusion et pour ainsi dire mathématique, resterait en elle-même peu persuasive si elle ne fut secourue par l'évidence du bon sens et l'expérience commune : la valeur ainsi définie n'est-elle pas ce que constitue la richesse dont l'acquisition est, de l'aveu général, recherchée par tous ceux qui se livrent à l'industrie et au commerce et dont les moyens leur permettent de caresser l'espoir de pouvoir un jour y accéder ? Que la richesse soit le but poursuivi dans les affaires ne semble guère contestable, ni que celle-ci représente une certaine quantité de valeur au sens marchand du terme soit une quantité de biens suffisante à obtenir par leur moyen tous les autres dont on souhaite disposer. On remarquera que cette définition reste assez générale pour ne pas comprendre nécessairement l'échange : une superficie importante de terre arable peut suffire à nourrir son propriétaire et ceux qui la cultivent, qui fabriquent sur place les ustensiles, vêtements et autres objets en usage, et qui rendent les services domestiques. C'est la manière dont fonctionne l'économie domaniale qui est une forme que peut prendre la richesse. Mais, dans l'économie marchande, la richesse sert à acquérir ce qui fait défaut par l'échange et, dans ce cas, elle doit prendre la forme de la valeur marchande. La poursuite de la richesse semble donc bien confirmer la pertinence de la définition que nous avons donnée de la valeur : si la valeur des choses ne réside que dans notre désir d'en disposer sans avoir à les produire ni à en produire d'autres en contrepartie, il s'ensuit que le but poursuivi par tout un chacun dans l'activité économique est de devenir riche et donc de pouvoir ainsi disposer des choses. Cette ambition universellement présente dans nos sociétés est la preuve même de l'exactitude de notre définition. Et, par ricochet, elle nous oblige aussi à prendre au sérieux le concept de richesse et de préciser son emploi. Car si la richesse consiste en ce qu'on a dit et qui paraît l'évidence même, il est inévitable que tous ne peuvent être riches au sein d'une seule nation. A l'exception des peuples qui se livrent aux pillages et aux guerres de conquête ou qui, ayant établi un empire, vivent du tribut levé sur des populations soumises, lesquels peuvent à juste titre être appelés riches tant que dure le succès de leurs armes, une nation qui consomme le produit du travail de ses seuls membres est nécessairement divisée entre ceux qui travaillent et ceux qui possèdent, la richesse exigeant l'absence d'occupation contrainte et le travail n'étant consenti que sous le poids de la nécessité. De ce fait, il y a dans toute société un partage inégal de la valeur : la richesse ne saurait être équitablement partagée puisqu'elle implique l'absence de travail productif. Or, comme sans celui-là aucune richesse n'existerait, il suit de là qu'il y a inévitablement des personnes riches qui ne travaillent pas et d'autres qui travaillent et qui ne sont donc pas riches, faute de quoi il ne pourrait y avoir de richesse.

Tout ceci ne serait guère de conséquence si la richesse ne fut le mobile principal de toute la vie économique. Nous désirons tous, chacun pour soi, ardemment, la richesse et sommes prêts à œuvrer pour y parvenir mais il est impossible qu'un peuple ou une nation y accède dans son ensemble. Pour cette raison, il est illusoire et fallacieux de parler de la richesse d'une nation. Imaginez en effet un pays où il n'y aurait qu'un homme riche disposant de biens qu'il vend à ses concitoyens à un certain prix en échange de leurs productions et services. Cet homme vit dans l'opulence et les autres simplement du revenu de leur travail. Une circonstance particulière dont la nature importe peu pour notre exposé fait chuter la valeur de la marchandise que possède ou que fait fabriquer ce monsieur au point de ramener sa fortune au niveau de ceux avec qui il fait commerce. Ces derniers trouveront un avantage à payer moins cher une denrée qui leur est utile. Peut-on cependant affirmer que la richesse de la nation s'est accrue en proportion ? C'est dans ce cas donner à ce terme un sens qu'il n'a pas et qu'il ne peut avoir, selon l'usage qu'on en fait et le sens immédiat qu'il a pour tous. Il y avait à l'origine dans ce pays un homme riche ; il n'y a maintenant plus d'homme riche mais un autre, en plus qui ne vit que des ressources de son travail. La richesse de cette nation a donc diminué au sens précis que revêt ce terme ; ce qui a augmenté est l'abondance de certaine marchandise communément recherchée. Appeler toutefois cette abondance, richesse, équivaut à introduire une confusion entre le bien que chacun poursuit pour son compte et celui que l'on peut considérer comme souhaitable d'un point de vue général. Qu'une nation parvienne à produire une plus grande quantité de biens au prix d'un travail moins long ou moins pénible représente certes un progrès, qui ne peut cependant se réaliser que grâce aux initiatives de chaque individu dont le mobile n'est autre que la recherche de la richesse. Car si nous consentons au travail, dans l'espoir de nous enrichir, nous ne pratiquons pas pour autant celui-ci comme une vertu. L'acte vertueux est accompli pour lui-même, se termine en lui-même et contient en lui-même sa valeur; il n'en est pas ainsi du travail qui est toujours réalisé en vu d'une fin qui n'est pas lui-même. Si tel fut le cas, nous offririons à la communauté les produits de notre labeur, les fruits de nos inventions et de notre ingéniosité, afin qu'ils profitent à tous et augmentent la prospérité, le bien-être général, pour nous satisfaire de la reconnaissance publique comme unique récompense de nos efforts. Au lieu de cela, nous espérons en tirer quelque bénéfice et y trouver l'occasion d'accumuler entre nos mains de la richesse.

Lorsque ces initiatives consistent à mettre en circulation quelque production nouvelle ou à appliquer quelque procédé nouveau aux fabrications déjà existantes, et bien que ces innovations ne manquent pas de créer l'abondance et, par suite, la prospérité générale, il n'est pas assuré qu'elles permettent à celui qui les prend d'en récolter quelque profit. Et ceci non pas à la suite de quelque maladresse ou infortune personnelle mais à cause de la nature de la valeur même qui ne réside pas en les choses en tant qu'elles sont produites mais seulement dans la mesure qu'elles sont désirées et rencontrent la volonté et les moyens de les acquérir. En d'autres termes : si les choses sont produites, la valeur qui s'y attache et la richesse qu'elles peuvent constituer ne le sont pas. La valeur n'est pas produite ; la chose qui l'est, en devenant marchandise, n'est qu'un moyen de l'acquérir par le biais de l'échange. Ce qui permet de compléter l'énoncé précédent par son corollaire positif : la valeur n'est pas produite ; dans la société marchande, elle existe dans et elle est acquise par l'échange.

Produire des choses n'est pas égal à produire des richesses ; produire davantage de choses n'équivaut pas à produire davantage de richesses. A partir de cette idée, il est facile à comprendre que la poursuite du bien public consistant à promouvoir l'abondance de toutes choses n'est pas toujours, ni par nature, compatible avec l'ambition des agents économiques ayant les moyens d'entretenir cet espoir d'accumuler la valeur et la richesse. Or, si l'on considère que ce premier but ne peut être atteint qu'à travers celui que poursuivent ces derniers, il en suit la nécessité d'accorder l'une avec l'autre et de faire en sorte de produire que des richesses, soit de chercher à produire davantage et avec plus de facilité les choses mais de façon à ce que celles-ci demeurent des richesses ou que leur mise en circulation permette à tout le moins d'accumuler la valeur sans toutefois en donner à des choses qui normalement ne devraient point participer de ce que constitue la richesse mais qui prennent du prix par le fonctionnement déréglé de l'économie elle-même. Que la condition de cet accord n'est pas toujours remplie : voilà qui est la première conclusion remarquable de notre réflexion sur la valeur.

La théorie économique qui prend le contrepied de notre opinion et confond la condition indispensable de la valeur, le travail productif avec la nature de celle-ci, ne sait, par là-même, envisager la possibilité de pareil désaccord puisque toute chose produite et qui satisfait à un besoin social constitue pour elle, par le seul fait de sa production, une richesse. Une fois cette confusion levée, se découvre aussi clairement en cet endroit le véritable objet d'une science économique ainsi que la conjoncture sociale dans laquelle elle est possible, utile et souhaitable. Car elle est assez particulière et n'a pas existé de tout temps.

Lorsque les détenteurs des moyens d'agir en vu de la richesse ne sont animés que par le désir de posséder sans pour autant vouloir passer par le détour de la production et de l'échange, toute action individuelle ou commune se réduit alors à la violence politique, que ce soit à l'intérieur de l'Etat ou bien que cette violence soit portée à l'extérieur, dans des guerres de conquête. Dans leur sillage et les transferts violents de propriété qui les accompagnent, le commerce et les manufactures connaissent ensuite pendant quelques décennies un essor aussi soudain qu'éphémère. Aussi longtemps que les hommes sont sous l'unique empire du désir de posséder, la science économique reste sans objet puisque l'autre terme, celui de la production, avec lequel l'accord ou l'équilibre est recherché, n'est pas ici utilisé comme moyen d'accès à la richesse. Mais, pour une raison toute différente, la science économique reste sans objet quand elle assimile richesse et production. Ce ne sont point les conditions sociales et politiques qui l'empêchent alors mais la confusion qu'elle introduit dans son propre domaine. Rien d'autre que cette confusion a bercé la naissance de la théorie économique libérale dont les préceptes ont été invariablement la levée de tout obstacle à la libre production et l'instauration de la libre concurrence nationale et internationale. Car si produire = produire des richesses, le premier comme le dernier mot d'une science bâtie sur un tel axiome ne peut être que la liberté totale de ceux qui entreprennent et qui produisent. Quel obstacle peut-on légitimement dresser sur le chemin de ceux qui créent des richesses et les amènent au marché ? Quelques soient les bouleversements engendrés par l'évolution des techniques, la ruine des uns, les malheurs et les souffrances des autres, toute opposition au dogme libéral est chaque fois balayée par ce faux a priori qui fait de tout producteur quel qu'il soit et quoiqu'il fasse un bienfaiteur de l'humanité. L'action de l'entrepreneur n'est-elle pas vertueuse par essence, lui qui est censé produire des richesses supplémentaires ? Partant, elle ne saurait avoir des conséquences néfastes durables, mais cette richesse nouvelle ne peut manquer de profiter, par le jeu des échanges, à tous, globalement, tôt ou tard...

Toute critique de l'économie libérale qui refuse la mise en cause de cet axiome (que la théorie marxiste fait d'ailleurs sien aussi) se voit condamnée à rester marginale et inefficace tant il est incompatible à la fois de critiquer la libre entreprise et le libre-échange et d'accepter l'idée de la production créatrice de richesses, à moins de croire avec Marx que le travailleur soit dépossédé par quelque étrange opération de sorcellerie de la majeure partie de la valeur de son travail.

Mais qu'une science proclame haut et fort l'inutilité de l'art, que donc toute la connaissance qu'elle prétend avoir de son objet ne lui autorise aucune action notable propre à rendre le cours des choses plus conforme aux volontés des hommes doit nous sembler suspect. C'est parce qu'elle évacue d'emblée, par sa fausse notion de la valeur, le problème théorique du rapport entre la production et la valeur qu'elle se retrouve incapable de saisir théoriquement le problème réel que pose – et de nos jours de plus en plus – l'évolution de l'économie de marché. En substance elle dit : il n'y a pas de problème théorique, par conséquent, il n'y a pas de problème réel ; alors que nous disons : l'économie de marché, soit la recherche de la richesse par la production, pose une difficulté théorique qui peut avoir une expression réelle et donc, en devenant pratique, être justiciable d'une solution raisonnée.

IV

DE LA PREMIÈRE FORME DE LA VALEUR ET LA NÉCESSITÉ D'UN EXPOSÉ HISTORIQUE

Puisque le dessein principal de ceux qui échangent, produisent et font commerce de quelque bien est de s'enrichir, notre définition de la valeur marchande – et donc de ce qui constitue la richesse – ne peut laisser insensibles ceux qui font de l'économie l'objet de leur réflexion. Car celle résultant de l'analyse que nous avons conduite n'est guère compatible avec les conditions dans lesquelles, de nos jours, la richesse est recherchée. La valeur naissant de la volonté de posséder une chose sans avoir à la produire ni à en produire d'autres en contrepartie, il est peu clair d'emblée pourquoi et comment la richesse devrait être acquise par l'échange: l'attitude en laquelle consiste la valeur ne semble en rien prédisposer ceux qui la font leur à quelque échange pacifique. Cette question ne trouble jamais l'économie classique pour la raison qu'elle ne pose pas le problème de la nature de la valeur marchande mais qu'elle borne son analyse aux facteurs qui déterminent le prix des marchandises les unes par rapport aux autres. Et comme la question est autre, la réponse aussi doit être différente. Lorsqu'il ne s'agit que de connaître la manière selon laquelle se forment les prix, il suffira d'examiner la cause de la plus ou moins grande abondance des denrées sur le marché qui est, pour la majeure partie d'entre elles, la quantité de travail destinée à leur production. Ainsi, le traitement que l'économie classique réserve à la valeur implique de juger naturel le cadre où elle apparaît: le marché présenté comme état premier de l'humanité issu d'une propension spontanée à l'échange ne relevant d'aucune explication. Et il semble d'ailleurs bien que cette vision essentiellement mercantile de la société est la raison profonde de l'insuffisance de l'analyse de la valeur et non l'inverse: en prenant pour absolu la représentation de la société comme marché, la question de la valeur devient secondaire et simple problème de mise en équivalence des marchandises échangées.

Toutefois, la valeur telle que nous l'avons définie rend caduc cette concomitance avec l'échange et ce divorce entre les deux rend compte sans doute de la répugnance des économistes à suivre cette voie qui leur interdit d'analyser le fonctionnement de l'économie marchande pour ainsi dire in situ mais les éloigne forcément de leur domaine choisi vers une problématique historique dans son principe : celle de l'origine de l'échange. Dans la dissociation qui s'installe entre valeur et échange, la première est antérieure au second qui ne suit pas de la première de façon nécessaire : s'il ne peut y avoir échange sans qu'intervienne la notion de valeur, en revanche, la valeur peut très bien exister sans qu'un échange n'ait lieu. Car la valeur trouvant son origine dans notre désir de disposer des choses sans avoir à les produire, la première figure qu'elle prend est celle de l'accaparement, soit la dépossession de celui qui produit par celui qui ne produit pas. Or deux conditions sont indispensables à la possibilité et la réalité de cette dépossession : la première, qui est matérielle, à savoir la capacité de celui qui subit ce prélèvement de produire au-delà de ses propres besoins ; la seconde, que l'on appellera morale, consiste dans le consentement à cette dépossession partielle. On examinera ici successivement ces deux conditions dont la première soulève d'emblée une difficulté majeure qui réside dans la contradiction manifeste entre l'attitude négative vis-à-vis des activités productives qu'implique la valeur et la condition matérielle de son existence. L'hypothétique division du travail en vue d'une hausse de la productivité ne peut servir d'explication puisqu'elle présuppose, comme nous l'avons déjà remarqué, la notion de valeur qui entre dans celle, plus complexe, de productivité dont la pertinence vaut pour notre système économique mais nullement pour ces sociétés à l'aube de l'humanité où le simple désir de posséder d'où procède la valeur germe dans les esprits. L'aptitude des hommes des premiers temps à produire au-delà de la seule subsistance ne provient certes pas d'un effort conscient et intentionnel d'amélioration des techniques mais d'une attention gratuite et spontanée au monde qui l'entoure, un désir confus à la fois de connaissance et de maîtrise de la nature dont j'ai évoqué ailleurs le fondement métaphysique et qui se manifeste chez l'homme primitif par la recherche d'effets agréables ou utiles qu'il cherche à reproduire et dont il essaie de posséder et de perfectionner les procédés permettant de les obtenir. Ces acquisitions techniques forment peu à peu une culture matérielle primitive qui est toutefois si peu le fruit d'une action délibérée et suivie de leurs auteurs que ces communautés les attribuent volontiers et de manière constante à quelque intervention des multiples divinités qui peuplent leurs mythes. Et, d'une manière générale, les tribus sauvages veulent tout ignorer de l'origine humaine et historique de leurs sociétés qu'ils désirent et imaginent immuables. Sans doute sentent-ils la nécessité de s'inscrire dans l'ordre à la fois naturel et divin qui seul peut leur garantir la préservation d'une félicité et d'une innocence qui les lie au règne animal encore proche. Car le propre de l'animal est l'adéquation parfaite et immédiate de son comportement à ses besoins vitaux par des dispositions innées que l'on nomme l'instinct. Il ne se trouve aucune faille entre ses besoins et les moyens qu'il emploie à les satisfaire, qui sont et restent invariablement les mêmes, à tout le moins pour les animaux sauvages ; mais cette adéquation se relâche chez l'homme primitif, en témoignent déjà les techniques rudimentaires qu'il a su développer. Mais lui-même ne veut rien connaître de ses propres facultés et cultive son ignorance, qui est la condition essentielle d'un bonheur qu'il ne peut que perdre sans jamais pouvoir le retrouver : l'absence de besoin. D'où le refus de toute initiative personnelle et novatrice, la primauté de la collectivité qui encadre, récupère à son profit, voire réprime toute volonté individuelle de puissance, toute action singulière pouvant altérer le cours ancien des choses. Si l'on m'accorde cette représentation des sociétés primitives dont les anthropologues ont étudié les derniers survivants, la question de savoir d'où venait l'innovation permettant de produire l'excédent matériel susceptible de rompre l'unité première entre les besoins et les moyens d'y satisfaire ne semble pas plus près de trouver une réponse. Les activités traditionnelles, soit la chasse, la pêche et la cueillette, qui se pratiquent en pleine nature et à plusieurs, ne se prêtent guère à l'accaparement par un seul ou quelques-uns. Les terrains de chasse sont parfois disputés âprement il est vrai, souvent par bravade, des fois par nécessité, mais il n'est pas croyable de voir dans ces querelles récurrentes et sans lendemain l'amorce de l'établissement d'une domination. Bien au contraire, l'état tant matériel que spirituel qui règne dans la société sauvage porte à penser que son bouleversement est dû à la révolution alimentaire aussi décisive que fortuite que fut l'agriculture. Fortuite, puisqu'elle consiste à l'origine à semer les graines récoltées sur des plantes sauvages puis de resemer et ainsi de croiser entre eux les semences obtenues ce qui, au terme de quelques croisements endogames, permet d'avoir des épis plus longs et mieux fournis.

Aussi simple que paraît ce procédé, il ne faudra pas en sous-estimer les effets sur la situation de la communauté primitive dont elle relève les ressources rapidement au-dessus du niveau de la simple subsistance.

Les conséquences ont dû en être un accroissement démographique important, le bousculement de l'organisation tribale traditionnelle et immémoriale par des comportements nouveaux, individualistes et perturbateurs, alors que la complexité croissante de la vie sociale requiert la stabilité; enfin l'apparition de la convoitise qui ajoute à ce désordre si elle n'en est pas la cause principale. Voir vaciller autour de lui la société qu'il croit d'institution divine a dû remplir d'un sentiment d'effroi et d'impuissance le cœur de l'homme de ces premiers âges et l'inciter à espérer de ses vœux sa création nouvelle et donc, selon l'idée qu'il se fait lui-même du monde, une intervention divine menant à l'instauration renouvelée de la société humaine. Faute de pouvoir atteindre à quelque certitude à cet égard, il m'a toujours semblé que c'est ainsi que sont nées dans l'esprit des hommes ces théocraties antiques que l'on découvre comme surgies de la nuit de l'histoire par l'union inextricable de la convoitise, l'intelligence de l'organisation des nouveaux modes de production par quelques-uns avec l'aspiration générale à l'ordre et à la paix que seule une nouvelle institution par un pouvoir surhumain peut assurer. Ce n'est point par un choix raisonnable les faisant préférer la violence d'un seul à celle de tous contre tous que les peuples anciens se sont donné un Roi faisant office de Dieu mais parce que seule la Divinité peut, dans leur esprit, fonder la société, qu'un d'entre eux, poussé par son habilité et sa clairvoyance au devant de la scène, a su assumer cette fonction. Encore faut-il y ajouter que, s'il réussit à incarner aux yeux de ses ci-devant égaux la divinité, ce n'est pas en dernier lieu par ce qu'il y croit sincèrement et profondément lui-même. Il y a toujours dans les mentalités primitives cette confusion des facultés, ce mélange où la raison et la croyance, en échangeant leurs caractères, permettent d'agir socialement de manière efficace.

Réunissant en sa fonction et sa personne la volonté de posséder – première expression de la valeur – et la science de l'organisation productive et sociale, le Roi-Dieu rencontre l'aspiration de tous à un monde à nouveau stable et immobile. A cette fin, tout l'excédent produit est dirigé vers le sommet d'une hiérarchie pyramidale dont tous les échelons selon la dignité de leur rang bénéficient. La majeure partie cependant est destinée aux cultes des Dieux au service desquels le Roi officie, qui sont la clé de voûte du système et pour qui sont faits des sacrifices incessants et construits des édifices somptuaires.

Ainsi la stabilité sociale est maintenue par le prélèvement de l'excédent à la base, selon un mode de distribution réglé auquel les dirigeants adhèrent à la fois par conviction spirituelle et par intérêt matériel sans que ni l'un, ni l'autre, ne soient véritablement distingués dans leur esprit. Aussi faut-il dire que la valeur n'apparaît pas encore dans ces sociétés très anciennes auxquelles on associera les noms de l'Egypte pharaonique, l'Empire du Milieu ou ceux de l'Amérique précolombienne. La dimension religieuse enveloppe ici l'acte de l'accaparement et le justifie si bien qu'il n'est ressenti ni reconnu par celui qui le subit, ni même par celui qui en profite. Cependant, les simples paysans en gardent une habitude et disposition à accepter ce prélèvement qui demeure quand bien même en changent les destinataires. Que ces empires bien que parfois renaissants ne sont pas éternels malgré l'assise solide que leur procure le culte, voilà ce que nous apprend l'histoire ; aussi que ce qui les menace vient toujours du dehors, du monde ouvert et vide où vivent les tribus nomades.

Celles-ci apparaissent à la faveur d'une autre acquisition décisive au cours de la première histoire de l'humanité qui est la domestication animale. Elle est le fruit d'une entente entre l'homme et l'animal dans laquelle chacun a sa part et dont les ressorts cachés qui l'ont rendue possible ne font pas l'objet de notre exposé. Mais, tout comme l'agriculture, elle bouleverse le mode de vie ancestral bien que dans un sens différent et opposé : si la maîtrise de l'élevage et la constitution de troupeaux fournissent des ressources alimentaires accrues à la communauté, la nature même de celles-ci les empêche de tomber entre les mains d'un seul. Car le troupeau est mobile et se déplace de pâturage en pâturage. Conserver cette richesse demande un travail collectif et solidaire, même s'il n'exclut pas les rivalités et les luttes. Ce sont les contraintes pratiques de cette vie nomade qui vont déterminer la forme de la société qui en tire sa subsistance : celle de la tribu patriarcale dont les membres se sentent liés par le sang commun qui coule dans leurs veines. Lorsqu'elle grandit et prospère au rythme de son cheptel, il lui arrive de se scinder en deux autres nouvelles, et ainsi de suite, si bien qu'un territoire sera parcouru par des tribus indépendantes parfois rivales mais qui se souviennent entre elles de liens souvent anciens de parenté.

L'autre succès de la domestication et non le moindre est celui du cheval dont l'usage comme monture confère au nomade non seulement un auxiliaire précieux pour la garde des troupeaux mais aussi l'instrument parfait pour donner libre cours à ses appétits guerriers. De temps immémoriaux, les peuples des steppes d'Asie centrale ont toujours été d'excellents cavaliers. Dans des joutes et des tournois, ils luttent encore de nos jours de force et d'adresse. Mais, dans les temps anciens, leur apparition en foules compactes à l'horizon répandait la terreur dans les civilisations agraires et sédentaires. Leur mode de vie errant et l'outil de guerre inédit que fut le cheval monté prédisposaient les tribus nomades à la conquête. Aussi loin que l'histoire porte notre regard, elle nous livre des récits de cet affrontement. Ainsi, Hérodote, lorsqu'il évoque les razzias des Cimmériens et des hordes Scythes contre les établissements grecs en Asie mineure et en Chersonèse. Jusqu'au temps des Romains, on y moissonnait souvent « l'épée à la main ». Le pillage est l'expression la plus sommaire de cet esprit de conquête : il est ponctuel, récurrent, mais n'entraîne aucune évolution durable ni dans l'une, ni dans l'autre société. Il en va autrement quand des tribus parfois associées sous un chef, attirées par le développement matériel supérieur des cités, parviennent à s'y établir et détruisent les hiérarchies sociales préexistantes dont elles prennent la place. Le paysan de ces terres conquises paie tribut à ses nouveaux maîtres, autant par habitude que par crainte et nécessité. Aussi n'est-ce pas qu'une figure de style que de parler de son attachement à la glèbe. Seule la vie nomade rend mobile et donc libre. Tirer sa nourriture de champs qu'il cultive, bonifie et entoure de ses soins, y attache le paysan matériellement et moralement car il n'a pas le moyen de subsister autrement ni la volonté de quitter la terre de ses ancêtres qui l'a vu naître. En revanche, les envahisseurs abandonnent peu à peu leurs coutumes anciennes : le relâchement des liens tribaux et donc de la royauté tribale aboutit alors à l'émergence d'une nouvelle forme de la famille au sens large du terme, tel que la plus antique histoire de Rome et de la Grèce nous la font connaître : la Gens ou le Génos. Car c'est en effet dans le monde gréco-romain que le tableau quelque peu abstrait qu'on a esquissé reçoit les couleurs de l'histoire concrète. Pareil à la tribu qui grossit avec le troupeau qui le nourrit, la famille ou la Gens aussi s'agrandit avec les terres qu'elle occupe. La puissance de la famille antique tient à l'indivision dans laquelle elle maintient, génération après génération, l'ensemble de ses biens. Et pour encore mieux la préserver, elle en attribue la possession réelle au fondateur mythique, l'ancêtre dont elle honore la présence dans l'autel de la Maison qui lui appartient et qu'il protège. Il ne sera pas nécessaire d'étudier en détail ce culte domestique que pratiquaient Grecs et Romains des premiers temps pour comprendre comment celui-là contribuait à la prédominance de ces familles face à d'autres qui laissaient la propriété se morceler au gré des successions. La pénurie de bonnes terres face à une population en progression crée entre les uns et les autres des rapports de dépendance et, finalement, de servitude dans lesquels finiront par se mélanger et se fondre anciens conquérants et vaincus.

C'est enfin sur le sol de Grèce et de Rome que nous trouvons à l'état pur ce rapport inégal en lequel consiste la valeur dans sa première expression : l'accaparement, mais sans l'imbrication théologique qui tend à le pérenniser sous une forme figée et immuable. Loin d'être acceptée et assumée, cette inégalité est plutôt subie par des hommes qui ne perçoivent entre eux aucune différence, qualité ou excellence pouvant la justifier. Pour cette raison, elle sera à l'origine d'une histoire bien dissemblable de celle des théocraties. La recherche de la richesse sera dorénavant le motif premier de l'action des hommes, leur génie, la source de tous les moyens qu'ils emploieront à cette quête et dont le principal et le plus fécond sera celui de l'échange.

V

LA NAISSANCE DE L'ÉCHANGE

L'inégalité des fortunes qu'engendre la croissance démographique sur des territoires exigus aux ressources limitées est à l'origine des cités gréco-romaines dès qu'elle oppose, d'une part, les grandes familles unies et puissantes et, de l'autre, les petits propriétaires tombant peu à peu sous la coupe des premières. La Cité, à ses débuts, assume et organise cette opposition : elle est l'union des grands contre les petits afin de mieux asseoir et consolider leur hégémonie ; elle naît sous le signe de la violence et ce n'est pas un hasard si la lumière se levant sur leurs histoires nous les révèle toujours déjà plongées dans les luttes civiles. Pour autant, les institutions qu'elle se donne ne sont pas souvent les mieux adaptées à cet état de conflit interne. A l'image du patriarche qui règne sans partage sur le clan, la Cité se donne d'abord un Roi que nomme le conseil des Anciens. Or, le pouvoir autocratique, tout en reproduisant au niveau de la Cité la fonction de chef de famille avec ses attributions religieuses, ne coïncide pas nécessairement avec la défense des intérêts des puissants. Il est possible que le choix d'un roi fût dicté par des velléités guerrières ou par quelque menace extérieure. En temps de paix cependant, le roi tend à consolider son pouvoir pour des raisons personnelles, voire à le rendre héréditaire, et dans ce dessein il peut chercher l'appui des petits contre les grands qui combattent ses visées. Aussi, la royauté antique convient-elle mal aux intérêts de ce que nous appellerons par commodité l'aristocratie, qui la dépouille bien vite de la plupart de ses attributs pour les confier à un magistrat annuellement élu, tel l'archonte en Grèce ou le consul dans la République romaine.

Ce bref rappel des premières constitutions des états antiques suffira pour notre propos, en ce qu'elles expriment et assument ce rapport d'opposition sociale et l'inégal accès aux biens en lequel consiste la forme initiale de la richesse et de la valeur qui est l'accaparement. Mais tout en l'assumant, elles ne le justifient pas aux yeux ni des uns, ni des autres, et il est à remarquer ici que jamais aucun culte d'aucune cité grecque ne confère une prééminence d'ordre religieux à ses citoyens les plus puissants, ni ne tend à soutenir un ordre social de fait. Il en résulte que l'effort des hommes à améliorer leur sort par quelque moyen à leur portée n'y est pas entravé et que le sentiment de l'égalité est déjà dans les esprits avant qu'elle ne le fût dans la réalité, si tant est qu'elle l'ait jamais été dans le monde antique. Car, contrairement aux guerres civiles que cet effort provoquera sans cesse dans les cités, la forme qu'il prit au tout début de leur formation (IXe et VIIIe siècles) aura des conséquences positives durables par la colonisation progressive du pourtour du bassin méditerranéen. La pénurie de terres pousse les Grecs les moins fortunés vers l'aventure maritime. Après les premiers repérages des rivages inconnus par des pionniers isolés, les cités elles-mêmes prennent en main la colonisation et envoient à la tête des émigrés des «oikistes» chargés d'organiser politiquement ces nouveaux établissements et d'entretenir la relation avec la cité-mère. Les liens forts car religieux entre celles-ci et leur rejetons lointains sont un trait constant de la colonisation grecque, créant des obligations et des devoirs réciproques. Il serait long et fastidieux d'égrener ici l'interminable liste de ces fondations sur les divers littoraux de la Méditerranée, la Mer Noire, le Bosphore et la Propontide... Pour en avoir un aperçu complet, le lecteur se rapportera avec profit à d'excellents ouvrages d'histoire. Car je ne m'étendrai pas sur ce sujet dont la longueur nuirait à la cohérence et la clarté de notre propos mais nous examinerons les effets de cette formidable expansion sur la vie politique de la Grèce continentale et de quelle manière elle a donné naissance au négoce maritime entre les diverses cités et les peuples des pays riverains.

L'essaimage des Hellènes ouvre à leur navigation un espace considérable, naguère inconnu et redouté, où l'imagination de leurs poètes situait ces effroyables récits de géants terrifiants, de monstres marins et de sirènes ensorceleuses. Et ce n'est plus à la recherche d'aventure et de rapine qu'ils s'embarquent mais pour trouver ailleurs une terre qui pourra les nourrir, eux et leurs familles, et y fonder un nouveau foyer, ce qu'il faut entendre au sens ancien et donc religieux et fort du terme. Or, ce faisant, les colons s'installent dans des contrées et sous des climats très variés dont les sols conviennent à des cultures diverses. Alors qu'en Grèce l'agriculture tend vers la production domestique de toutes les denrées consommées, soit principalement le blé, le vin, l'huile et les produits de l'élevage auxquels s'ajoutent éventuellement ceux de la pêche ; dans les colonies comme celles de la mer noire, de la Crimée ou celles de la Grande-Grèce en Sicile et l'Italie du Sud, le sol se prête parfaitement à la culture céréalière. Ces aptitudes géographiques divergentes n'échappent pas aux Grecs qui continuent à entretenir avec leurs métropoles des relations suivies. Ils y voient une occasion d'acquérir une richesse mobilière en proposant à l'échange l'excédent de ce qu'ils produisent avec facilité et en abondance. La Grèce continentale a toujours été pauvre en bonne terre arable, et le blé ou l'orge n'y viennent qu'avec parcimonie. En revanche, ces sols secs et calcaires conviennent mieux à la vigne et à l'olivier. Des marchands entreprenants mettent les possibilités qu'offre cette complémentarité à profit pour inaugurer entre les cités et leurs colonies un commerce fructueux. Les domaines des grands propriétaires se couvrent de vignes et d'oliviers tandis que les navires chargent le blé en Sicile et au Pont-Euxin. On voit bien toutefois que le but de ce négoce ne saurait être d'accumuler indéfiniment du vin et de l'huile à un bout de la chaîne et du blé à l'autre, ce qui ne serait alors d'aucun usage et n'aurait aucune valeur. Afin qu'il en soit ainsi, il faudra encore que cet excédent soit valorisé en l'acheminant vers des marchés qui offrent en échange des articles rares et recherchés dans le monde grec lui-même. C'est ici qu'entre en scène l'Asie Mineure, le Proche-Orient avec la Syrie, la Phénicie et L'Egypte, d'où les marchands importent des objets de luxe : les pierres précieuses, l'or, les parfums, les tissus, tout enfin qui peut faire l'agrément d'une vie quotidienne encore fruste et pauvre (il faut placer ces développements aux VIIIe et VIIe siècles avant notre ère). Ce commerce fera la fortune des cités déjà anciennes d'Asie mineure comme Milet et Ephèse, toutes proches du royaume lydien, et des routes qui mènent de là vers la Mésopotamie et le golfe persique. En Egypte, sous la dynastie des Sais, les Grecs fondent le comptoir très prospère de Naucratis sur un bras du delta du Nil. En Libye, la cité de Cyrène entretient par delà le désert des échanges avec les régions tropicales de l'Afrique et exporte le «silphion», ce condiment assez mystérieux mais très prisé dans le monde grec... C'est un commerce triangulaire qui s'anime ainsi entre les métropoles et leurs colonies d'une part, et entre celles-ci et le monde oriental, de l'autre. A ses bénéficiaires, il permet l'accumulation d'une richesse mobilière et, pour lui donner une forme aisément conservable et échangeable, sera alors inventée la monnaie, qui n'est en somme qu'une forme universellement reconnue de la richesse, soit en l'occurrence une quantité déterminée d'or ou d'argent garantie par le poinçon de frappe d'une cité ou d'un royaume. On pourra noter ici en passant qu'il ne semble pas que les besoins de l'échange proprement dit créent la monnaie mais bien plutôt la constitution de richesses que l'on veut échangeables.

Une fois compris l'apparition de cette nouvelle richesse, il faudra maintenant regarder les rapports qu'elle entretient avec l'ancienne dans les cités de la Grèce continentale et insulaire. J'ai déjà remarqué ici les transformations qu'elle entraîne dans l'exploitation du sol : afin de pouvoir s'en approprier une part, l'aristocratie terrienne doit prendre part à l'échange et donc produire à son tour des denrées négociables. Par le changement des cultures, tout en recherchant un profit maximal, elle durcira la condition de ceux qui travaillent sous sa dépendance : les petits laboureurs autrefois libres puis tombés dans la servitude pour dettes. Cette évolution tend donc à aggraver les tensions politiques, mais elle est contrebalancée par la formation d'une classe de marchands disposant de moyens considérables qu'elle est empêchée toutefois de transformer en biens-fonds par l'inaliénabilité et l'indivision dans laquelle demeure la grande propriété terrienne. Les luttes civiles s'enveniment et voient apparaître aux côtés du petit peuple un allié de taille d'autant plus redoutable que ses membres seront riches et nombreux: les cités où le commerce est le plus actif sont souvent celles qui, par leur position, bénéficient d'un important négoce de transit, ainsi Corinthe sur l'Isthme ou Samos et Lesbos en mer Egée, ou encore et surtout les villes d'Asie Mineure. Là où les fortunes accumulées sont les plus considérables, se produiront aussi les premières révolutions qui feront entrer leurs possesseurs dans la vie politique: en mêlant leurs ambitions aux griefs du menu peuple, ils font tomber les aristocraties. Les gouvernements qui leur succèdent, pour être populaires seront rarement des démocraties mais bien plutôt des régimes personnels connus sous leur nom grec de tyrannies. Malgré la couleur de sang qu'évoque pour nous ce terme sous l'effet d'une propagande politique d'ailleurs très ancienne (qu'on lise Platon), les tyrannies du VIe siècle furent généralement des périodes de paix et de prospérité où le commerce continue son essor, la question des dettes est résolue, la vie politique apaisée par le soin que chacun met à la poursuite de ses affaires. Or, cette harmonie ne tient qu'à une conjoncture par essence éphémère créée à l'origine par l'abondance des grains en provenance des plaines d'Ukraine et de la Sicile. Elle est un effet de la Nature plus qu'un effort patient et soutenu de productivité d'où il s'ensuit que ses conséquences positives devront s'amenuiser au fil du temps et que la hausse de la production et des importations manufacturières ne saurait durer. En l'absence d'un meilleur rendement du travail, tout accroissement des productions requiert une augmentation correspondante de la main d'œuvre et celle-ci, à son tour, tire vers le haut le prix des subsistances dont le blé est le principal composant. Le bénéfice de toute augmentation de la production manufacturière irait alors au fournisseur de biens de première nécessité, sans effort particulier de sa part, en même temps que l'écart entre les prix des mêmes denrées dans différentes aires géographiques en lequel consiste le profit du marchand qui les met en rapport tend à disparaître sous l'effet de la fréquence croissante des échanges pour ne refléter au bout du compte que le coût de la production et du transport eux-mêmes.

Cette évolution des prix relatifs incite les marchands à placer leurs capitaux en terres et, au lieu de se livrer à une entreprise lointaine toujours risquée, de jouir tranquillement du produit de ce qui leur appartient solidement, si tel n'est d'ailleurs pas le but qu'ils se proposent d'emblée dans toutes leurs affaires. Car ce penchant à se satisfaire d'un revenu stable et assuré, fût-il médiocre, l'emporte sur le goût du risque et de l'innovation; c'est en celui-même que consiste le désir de richesse dont la poursuite par tous fait que sur le plan global les conditions de l'échange deviennent moins rentables et la simple possession des moyens de production retrouve son attrait premier. Il faut ici ajouter que l'évolution politique du VIe siècle finissant rendait en outre impossible toute extension de l'aire de colonisation grecque. En Orient, la domination perse atteint jusqu'aux rives de la mer Egée et l'Egypte tandis que, à l'ouest, l'expansion est freinée brutalement par la puissance grandissante de Carthage. Ce rétrécissement de l'horizon politique et économique exacerbe les rivalités à l'intérieur des cités: l'aristocratie reprend le dessus dans un climat de guerre civile et d'hostilité larvée entre les états qui les paralyse en Asie face à l'avancée de l'Empire des Achéménides et entraîne la ruine de plusieurs d'entre elles en Grande Grèce (Sicile).

Cette sombre conjoncture cependant voit commencer les fortunes d'Athènes, cité jusqu'alors moyennement prospère. Les raisons de son essor sont d'une part le déclin des grandes villes Ioniennes, de l'autre, son évolution interne vers la démocratie qui va lui donner le moyen d'affronter et de contenir la menace perse. A la fin de la tyrannie des Pisistratides, Clisthène donne à Athènes une constitution démocratique qui restera sans grand effet immédiat à cause des mêmes tendances aristocratiques, ici comme ailleurs. C'est l'imminence de l'invasion de la Grèce continentale, la découverte des gisements argentifères du Laurion ainsi que la haute vision politique et stratégique de Thémistocle qui conduira à l'avènement effectif de la démocratie athénienne. Elu stratège, Thémistocle propose d'affecter ces nouveaux revenus à la construction et l'équipement d'une flotte de guerre et au paiement de la solde des équipages de rameurs recrutés parmi les classes inférieures des citoyens, les thètés auxquels il donne en même temps les pleins droits civiques. Cette force navale, composée de citoyens, Thémistocle va la mener à la victoire à Salamine ; les escadres de Xerxès sont coulées ou dispersées, le danger d'un débarquement écarté. Mais la grande armée perse occupe toujours la plus grande partie de la péninsule. Le brillant succès des athéniens va toutefois ranimer les courages. Sous la conduite de Sparte, restée jusqu'alors à l'écart, les Grecs concluent une alliance sacrée. L'union porte ses fruits et vaudra aux Grecs la victoire éclatante et décisive de Platées, en 470 avant J.C. La Grèce méridionale et centrale retrouve ainsi la liberté mais il n'en est pas de même de la partie septentrionale, des Iles et des cotes de l'Asie mineure que les Perses tiennent encore solidement. Or, cette entreprise de reconquête dépasse de loin les moyens comme les ambitions de Sparte qui en laisse la direction à Athènes, la seule à disposer de la puissance navale nécessaire. Aux fins de la poursuite de la campagne militaire, Athènes crée la fédération de Délos qui veut regrouper les cités disposées à contribuer en hommes ou en argent à l'effort de guerre dirigé par elle mais dont les buts vont lentement changer à l'aune de son évolution politique intérieure et extérieure. Car le prix de la victoire à Salamine fut l'instauration de la démocratie et donc la participation pleine et entière de tous les citoyens athéniens aux destinées de la cité et plus seulement ses membres les plus fortunés. L'entrée des plus humbles dans la vie politique ne pouvait manquer de pousser Athènes dans la voie de l'impérialisme : le peuple désirait que la guerre lui apportât aussi des avantages tangibles et, tant que ce fut aux Perses que s'arrachaient les terres et le butin, les Grecs ne pouvaient qu'applaudir aux succès des armes athéniennes. Malheureusement, ils ne dureront pas, la puissance de l'empire fut encore bien trop grande pour que Athènes pût espérer prendre pied durablement en Asie même. Le désastre de l'expédition égyptienne révèle ce rapport de forces et marque un arrêt brutal de l'expansion. Cependant, la stabilité du régime populaire exige que les plus modestes citoyens tirent un profit matériel de leur association aux affaires. Les revers militaires et la Paix conclue par Callias avec le Grand Roi feront peser plus lourdement le poids de la domination athénienne sur les cités « alliées », mais en réalité de plus en plus sujettes. Même en temps de paix, elles sont tenues de s'acquitter du tribut, d'accepter l'établissement sur leur territoire de colons athéniens (les clérouques) voire l'acquisition par les riches marchands du Pirée de propriétés et de maisons. En effet, la démocratie n'aurait pu survivre à la résurgence de la question agraire : si les bénéfices du négoce sur lequel Athènes a désormais la haute main cherchent à s'investir en terres, il faut qu'ils le fassent dans les cités alliées afin que le laboureur attique puisse cultiver son lopin en paix. Il en résulte toutefois que cette concorde civile qu'Athènes veut conserver en son sein, elle la paie par des inimitiés sans cesse croissantes dans les rangs de ses « alliés ». Tout se passe comme si Athènes, par le moyen de son hégémonie politique et militaire, répercute sur les cités de son empire les conséquences délétères du fonctionnement des échanges tel que je l'ai précédemment évoqué. Cette hostilité, certes ni voulue, ni recherchée par Athènes mais inévitable par la nature même des choses, la conduira à la guerre du Péloponnèse qui l'opposera à Sparte, non point pour quelque outrage que celle-ci aurait subi de sa rivale, car elle ne fait pas partie de sa confédération, mais Lacédémone est en tout l'opposé d'Athènes en ce qu'elle n'a jamais pris part à l'essor commercial de la Grèce ni fondé aucune colonie (sinon Tarente ?) et qu'elle a, au contraire, toujours pleinement assumé la violence des rapports inégaux qui caractérisent la société Spartiate et qu'elle organise en constitution politique. Sparte est une cité de serfs tenus en respect par des soldats-citoyens qui cultivent entre eux l'amitié et l'égalité. La valeur demeure ici dans sa première figure : celle de l'accaparement. Cet antagonisme intérieur sans cesse réprimé et contenu a comme pendant nécessaire un certain pacifisme extérieur : de tous les Hellènes, le Lacédémonien est sans doute le meilleur soldat mais c'est d'abord pour guerroyer dans son propre domaine que pour porter l'épée ailleurs. Ainsi, tout naturellement, Sparte sera-t-elle amenée à prendre la tête de la coalition qui se forme contre Athènes ; non qu'elle soit poussée à cette guerre par des nécessités politiques, sa constitution en sortira plutôt ébranlée, mais l'impérialisme athénien lui fait peur et lui commande d'agir contre un danger qu'elle ne voit que grandir.

Athènes, comme on sait, perdra cette guerre, les cités grecques retrouveront une certaine liberté sous la domination incertaine de Sparte qu'elle ne sera pas longtemps apte à exercer. Son régime politique déjà impropre aux aventures lointaines est miné par la soudaine opulence qui se déverse sur la cité victorieuse. L'antique frugalité des Egaux, tel qu'ils se nomment, n'est plus qu'un vain mot. L'inégalité des patrimoines s'accroît, il y aura des citoyens riches et des citoyens pauvres, la convoitise s'installe, l'inaliénabilité du « kleros », le bien-fonds de tout citoyen-soldat, est remise en cause et, avec lui, le vrai fondement de la constitution lacédémonienne. Dans la Grèce du IVe siècle, plus aucun Etat ne parvient à la prépondérance politique. Athènes, certes, se relève de sa défaite et conserve sa prééminence dans les échanges. Les autres cités se débattent dans des troubles civils récurrents. Selon le schéma ci-devant tracé, les conditions du négoce se dégradent, le profit s'amenuise sous la pression haussière du prix des subsistances. On cherche à remédier à cette tendance par l'emploi de main d'œuvre servile que les marchands importent des régions barbares limitrophes : dans tous les métiers, la proportion d'esclaves s'accroît au dépens des hommes libres qui rechignent à travailler pour un maigre salaire et préfèrent s'enrôler dans les armées de mercenaires, de plus en plus nombreuses. Une belligérance diffuse envahit la Grèce, désole les cités, va jusqu'à profaner les temples, les sanctuaires des Dieux, et voler leurs trésors.

Aussi est-elle dans un état de grande faiblesse et ce ne sera donc pas un hasard si elle finit par tomber en proie à une puissance étrangère telle la Macédoine, sous son roi Philippe qui saura réunir derrière sa bannière cette armée d'hommes que les cités ne savent plus intéresser à leur destin. A Chéronée, où le sort de la Grèce libre sera scellé, les Hellènes ne furent pas battus que par des Macédoniens ni même véritablement battus mais cette conquête va enfin créer un nouvel Etat autrement formidable que celui jadis d'Athènes, puissance qu'Alexandre jettera contre la Perse et conduira aux confins du monde connu.

Le bref aperçu des commencements de l'histoire grecque nous montre le passage de la première expression de la valeur, soit l'accaparement, vers la seconde par l'accumulation de valeurs mobilières puis le retour à une nouvelle forme de violence suite à la dégradation des termes de l'échange par la diminution des avantages des prix relatifs. Nous verrons dorénavant, et cela jusqu'à la fin du monde ancien, que toute nouvelle reprise des échanges sera toujours consécutif à quelque déplacement violent des richesses et des hommes, tel la conquête d'Alexandre dont il sera question puis, finalement, de l'Empire Romain qui clôt l'ère antique. Et il me semble pouvoir définir celle-ci par une certaine commune attitude des hommes au regard des choses matérielles, qui est le désir prépondérant et déterminant de les posséder, lequel avons-nous dit donne aux choses la valeur et fait en sorte qu'elles soient des richesses. Ce désir anime souverainement l'homme antique et guide son action.

VI

LA CONQUÊTE D'ALEXANDRE ET LES ROYAUMES GRECS D'ORIENT

Au lendemain de la bataille de Chéronée en 338, qui donne la Grèce à Philippe de Macédoine, son premier décret sera d'y ordonner l'arrêt des guerres intestines. A cette fin, il crée au Congrès de Corinthe la Ligue Panhellénique qui comprendra toutes les cités à l'exception de Sparte. La paix est proclamée mais elle n'aurait guère duré si cette nouvelle union de tous les Hellènes sous l'autorité d'un chef n'eût permis de rassembler cette foule d'hommes libres mais pauvres qui alimentaient jusqu'alors en Grèce le brigandage et la belligérance dans une grande guerre de conquête victorieuse. Après le régicide de Philippe, son fils, Alexandre, conduira cette entreprise au terme de laquelle l'empire Perse tombe entre les mains des Macédoniens et des Grecs qui voient ainsi leur domination s'étendre désormais de leur péninsule jusqu'à l'Indus et du Bosphore et de la mer noire jusqu'à l'Egypte et la Cyrénaïque.

Il ne sera pas nécessaire de rappeler ici le détail des circonstances de cette épopée légendaire ni des luttes entre les Epigones qui ont succédé à la mort prématurée d'Alexandre en 323 et qui aboutiront après la bataille d'Ipsos en 301 et celle de Couroupédion en 281, à la division définitive de l'Empire en plusieurs royaumes grecs, à savoir celui de Macédoine et de Grèce, celui des Séleucides qui réunit les possessions proche et moyen-orientales (Asie Mineure, Syrie, Palestine, Mésopotamie et Perse), enfin celui des Ptolémées en Egypte. Mais, plutôt, on se bornera à étudier les conséquences économiques et sociales de ce bouleversement. Ni Alexandre, ni les Successeurs, ne songèrent à modifier l'organisation traditionnelle des communautés dans les immenses territoires dont ils s'étaient emparés; héritiers du Grand Roi, ils se contentèrent de percevoir le tribut que les villes, les paysans et les temples avaient coutume de lui verser. Toutefois, le contrôle efficace de si vastes étendues exigeait une présence militaire permanente, répartie sur différents points stratégiques, ce qui ne pouvait se faire sans la création d'un grand nombre de colonies de peuplement grec sur lesquelles des soldats pouvaient être établis. Enfin, une administration régulière de l'Empire n'était concevable que sur le mode grec, partant, à travers un corps de fonctionnaires d'origine macédonienne ou grecque. Une superstructure militaire et administrative couronnait ainsi des institutions anciennes parfois millénaires dont les cadres furent recrutés en Grèce. Les moyens nécessaires à la création, souvent ex-novo, de ces foyers de culture hellénique, provenaient initialement des immenses quantités d'or et d'argent du trésor perse dont disposait Alexandre. L'importance de ces richesses est attestée par les énormes sommes qui permettent aux Successeurs de solder leurs armées. Ces mêmes richesses servent encore à fonder de grandes villes grecques dont Alexandrie sur le Nil est certes la plus célèbre mais non la seule : les Séleucides créent Séleucie sur le Tigre, Antioche, Laodicée en Syrie, enfin d'innombrables cités, grandes et petites, en Asie, Thrace et les rives méridionales de la Mer Noire. C'est aussi Alexandre qui émet une nouvelle monnaie à son effigie en adoptant l'étalon Attique et qui sera promu à un bel avenir dans un Proche-Orient toujours largement coutumier d'une économie de troc. Si on devait résumer d'une seule phrase la situation économique de l'Orient grec en ces années, on pourrait la définir par une forte croissance de la demande. Celle-ci est d'abord le fait des officiers et soldats de l'Armée qui quittent le service avec une large part du butin, reçoivent d'importantes propriétés qu'ils exploitent avec des méthodes nouvelles et rationnelles. La fièvre bâtisseuse des Successeurs puis des Rois Hellénistiques attire enfin de partout en Grèce des hommes avides de faire fortune dans ce qui est devenu à leurs yeux un Eldorado. A défaut de pouvoir le chiffrer, par manque de données, cet afflux d'immigrés a dû être considérable et continu, au moins dans un premier temps à en juger par la pérennité de l'empreinte grecque sur tout le proche et même le Moyen-Orient pendant des siècles.

Au point de vu des échanges, la présence d'une importante population grecque dans les pays orientaux suscitait tout d'abord l'envolée de la demande de produits d'importation. Et celle-ci profite aux anciennes cités de la Grèce continentale et d'Asie Mineure. Nous voyons ainsi Athènes retrouver une solide aisance tandis que les luttes sociales et politiques s'apaisent, le temps de quelques générations. C'est cependant dans les monarchies hellénistiques mêmes que les effets de ce renouveau se font le plus sentir car, là-bas, se trouve la source de cette demande nouvelle, sui generis d'une certaine manière en ce qu'elle n'est pas générée par le revenu de quelque production mais par l'abondance de métaux précieux. Il convient ici de bien comprendre en quoi diffère cette situation de celle qui prévalait en Grèce vers le milieu du IVe siècle : à cette époque, le négoce subit les conséquences de la disparition progressive des écarts de prix des marchandises sur les divers marchés, en raison d'une concurrence accrue et donc d'une relative surproduction. Comme nous l'avons déjà évoqué, c'est l'extension des échanges qui tend à faire disparaître l'avantage relatif des prix en lequel consiste le profit du marchand, si bien que ceux-ci reflètent à la longue exactement le coût de leur production, soit le prix des subsistances de ceux qui les fabriquent et amènent au marché. Dans ces conditions, lorsque la production ne permet plus de lui assurer un revenu honorable, l'homme antique abandonne un métier qui ne sied pas à un homme libre et l'homme d'affaires, toujours en quête de profit, cherche à réduire ses frais de fabrication par le recours à la main d'œuvre servile. Ces deux tendances se conjuguent enfin quand les hommes libres, désœuvrés, tentent d'obtenir par les armes ce qu'ils ne peuvent espérer par un travail productif. La misère sociale entraîne l'instabilité politique et celle-ci les guerres fratricides entre les cités qui offrent alors une carrière aux mercenaires et pourvoient les marchés d'esclaves de butin humain.

L'afflux monétaire consécutif à la conquête de l'Empire Perse renverse cette tendance. Il libère en quelque sorte les prix qui s'élèvent bien au-dessus des coûts de main-d'œuvre et, par là, restaure aussi le profit. Dans cette conjoncture, les Grecs retournent à la production et investissent argent et moyens humains et y appliquent toutes les ressources de leur science et de leur ingéniosité. Pour cette raison, l'accroissement du stock monétaire et de sa circulation ne se traduira pas mécaniquement par une inflation correspondante : la demande stimule la production du fait de sa rentabilité retrouvée. Aussi, tous les royaumes hellénistiques connaissent-ils un essor prodigieux qui se prolongera jusqu'à la deuxième moitié du IIIe siècle. Des terres sort défrichées, des systèmes d'irrigation plus efficaces mis en place pour mettre en valeur de nouvelles parcelles, les méthodes de culture sont améliorées, particulièrement en Egypte, la culture de la vigne et de l'olivier sont introduits, qui pourvoient aux goûts et aux besoins d'un nombre croissant d'immigrants. Dans l'industrie, les manufactures sont organisées de manière rationnelle sans que pour cela nous ayons connaissance de progrès techniques révolutionnaires. La substitution par les Hellènes de méthodes plus efficaces aux procédés lents et routiniers des Orientaux permet à elle seule une augmentation notable de la production. Ainsi, tant que fonctionne l'aiguillon du profit, la prospérité du monde hellénistique s'accroît, mais la lente redistribution des masses monétaires à travers les échanges, voire une nouvelle thésaurisation royale par le biais d'une administration fiscale rigoureuse, finit par émousser l'effet du stimulant monétaire. Nous retrouvons de la sorte peu à peu la situation antérieure, bien qu'à plus grande échelle et dans des conditions différentes : d'abord l'aire géographique que parcourent les flux commerciaux s'est considérablement élargie. Elle comprend désormais le négoce avec le Moyen et l'Extrême-Orient par les caravanes qui aboutissent aux villes d'Alep et de Séleucie. Ce transit est capté tantôt par les Ptolémées, tantôt par les Séleucides, selon la fortune changeante de leurs armes. Lorsqu'ils auront perdu la Syrie, les

Ptolémées tenteront cependant avec succès l'ouverture de la route maritime vers l'Inde, avec la découverte des vents de mousson. A l'ouest, des relations sont établies avec Carthage et l'Italie, qui fournissent du fer et du soufre dont l'Egypte est dépourvue. Ce négoce à grande distance restera toujours profitable mais, pour les productions moins exotiques, les termes de l'échange commencent à nouveau à se dégrader dès la deuxième moitié du IIIe siècle, avec les mêmes conséquences délétères. D'abord, et pour les raisons déjà évoquées, la Grèce continentale est touchée dans son commerce et prend le chemin de l'appauvrissement. Une nouvelle fois, elle voit s'allumer des guerres intestines. Nous sommes peu informés sur l'évolution interne du Royaume séleucide mais la recrudescence des combats qui opposent sans cesse les dynasties héritières de l'Empire d'Alexandre révèle qu'ici comme ailleurs se produisent les mêmes changements. Non seulement les hostilités sont plus fréquentes et plus longues, mais elles deviennent aussi plus cruelles et plus destructrices ; preuve que le butin en est maintenant le motif principal. Là où les guerres des Successeurs alimentaient peu les marchés d'esclaves, les vaincus étant souvent admis dans les rangs du camp adverse, la prise de bétail humain en redevient un enjeu important. En mer, le piratage, peu combattu, sévit de plus belle, encouragé par la demande croissante d'esclaves. Quant à l'évolution sociale intérieure des Etats de l'Orient grec (à l'origine de ces développements), seule l'Egypte Ptolémaïque fournit des renseignements suffisants pour nous permettre d'en former une idée approximative. Au cours du règne des premiers Ptolémées, Sôter et Philadelphie, nous y observons un afflux considérable d'immigrants grecs dont une grande partie s'installe à l'intérieur du pays où ils participent à l'essor agricole et manufacturier de cette époque. Sous leur impulsion et celle des agents du Roi qui possède en Egypte un droit éminent du sol, la production et le commerce des denrées prospère. Une partie importante de cette production est prélevée au profit du gouvernement par un système fiscal extrêmement élaboré. Le revenu royal provient essentiellement de l'écoulement de ces marchandises, si bien qu'il est aussi tributaire des conditions générales du marché. Lorsque celles-ci se dégradent, les rentrées baissent tandis que les dépenses ne suivent pas le même chemin, bien au contraire. Car si l'attribution des terres pouvait être une récompense aux serviteurs du roi, ses officiers et soldats, tant que la conjoncture fut favorable aux entreprises agricoles et commerciales, l'effritement progressif du bénéfice à espérer rend ces formes de rémunération moins attractives.

Pour attirer des mercenaires et des fonctionnaires à son service, le Roi doit puiser dans ses réserves monétaires. Aussi, la pression de l'impôt s'alourdit et son poids est relayé systématiquement par tous les responsables de sa perception sur le petit cultivateur qui voit sa condition empirer. Il faut ici noter que les Ptolémées se sont toujours opposés à l'importation à grande échelle de main-d'œuvre servile, cela pour des raisons politiques : priver les paysans indigènes de leur subsistance allait au risque d'attiser leur haine contre une domination qu'ils ressentent encore comme étrangère. Toutefois, les charges et exactions qui les accablent les incitent à abandonner les cultures, à s'enfuir de leurs villages ou à demander asile aux temples.

A la fin du IIIe siècle, sous le règne de Philopator, l'abondance de terres en friche ne rapportant plus aucun revenu au Roi devient un thème récurrent dans notre (maigre) documentation historique de cette époque. Des révoltes paysannes éclatent vers le tournant du siècle et sont contenues avec peine par le moyen de concessions fiscales (généralement la remise des arriérés). Le mauvais état des finances royales pèse aussi sur le recrutement jusque-là étranger et donc Grec ou Macédonien des effectifs militaires. C'est sans doute sous cette contrainte qu'intervient un revirement de politique à l'égard des indigènes, visant à les enrôler et ainsi à constituer une armée nationale. Cette voie sera cependant abandonnée lorsqu'il s'avère que le retour des soldats démobilisés dans leurs campagnes ne fait qu'y entretenir l'agitation… Dans ces conditions, le pouvoir central ne peut se maintenir que par des concessions et des privilèges grandissants, que ce soit aux temples et leurs domaines ou aux propriétaires terriens qui accèdent à la pleine propriété de leurs possessions. On peut y voir l'amorce d'une évolution vers la féodalisation à laquelle la conquête romaine mettra fin en 31 avant J.-C.

La situation particulière de l'Egypte, lui interdisant l'importation de main-d'œuvre servile, la mettait en position d'infériorité au sein du monde hellénistique : elle devait affronter une situation intérieure tendue et instable et, en même temps, faire appel à des forces mercenaires qui coûtaient cher à la couronne. Il semble que l'Empire Séleucide comptait un bien plus grand nombre d'esclaves, que les développements économiques déjà évoqués y furent moins entravés et qu'ainsi il fut plus aisé à leurs souverains d'y former de grandes armées. La perte par l'Egypte de ses provinces palestiniennes, phéniciennes et syriennes, de même que son hégémonie maritime, y était peut-être liée. Mais ce n'est là qu'une hypothèse accessoire dont l'exactitude n'est pas essentielle à la confirmation du tableau général que j'ai peint du monde grec d'orient. Nous y découvrons une nouvelle fois que l'ère de prospérité commerciale et de paix relative n'est qu'un bref intermède entre des périodes de violence et de guerre. A l'instar d'Hermès, dieu des marchands et des voleurs, l'Homme antique, dans sa soif de richesse, recourt tantôt à l'échange tantôt à l'agression, selon les circonstances et la conjoncture dans lesquelles il vit.

Dans ses grandes lignes, l'histoire de cette conjoncture est identique à celle des cités-états de l'époque classique. Comme au IVe siècle, elle débouche à son tour sur la décadence politique des états qui s'épuisent dans des guerres interminables. Elles finiront par attirer l'intervention de l'astre montant de l'Occident : Rome, après sa victoire sur Carthage, sera l'arbitre avant de devenir le conquérant et le maître du monde grec.

VII

ROME ET L'EMPIRE ROMAIN

La violence qui accompagne la possession et l'appropriation des biens est un trait général et permanent de l'histoire du monde antique. La valeur y départit rarement et toujours de manière éphémère de sa première figure qui est celle de l'accaparement. Il en va ainsi lors de la fondation des cités lorsque s'impose aux familles puissantes le besoin d'une alliance contre la multitude croissante des déshérités. Pas davantage n'y échappent les rapports entre les Etats car chacun est pour l'autre une proie aux dépens de laquelle il peut rétablir la concorde civile. Parfois, on l'a vu, l'essor heureux du commerce et des échanges vient calmer ces tensions mais l'apaisement est d'autant plus trompeur qu'il n'est que passager et qu'il émousse le sens politique de l'action collective pour encourager les comportements égoïstes, empêchant la cité d'assumer à nouveau cette violence renaissante au déclin de la prospérité. En dépassant le cadre politique, celle-ci devient alors diffuse et anarchique : plus aucune cité ne parvient à en tirer profit et tous se battent dans des luttes stériles qui les affaiblissent et les font tomber à la fin sous quelque domination étrangère. Ce régime a empêché qu'il ait pu exister dans l'Antiquité un équilibre des puissances. La vie politique intérieure des Etats les oblige à se vouloir prédateurs sous peine de devenir victimes, à dominer pour ne pas être asservi. Les antagonismes du dedans ne sont surmontés que par la projection des forces qui s'y affrontent vers l'extérieur dans une guerre victorieuse. Aussi l'avenir appartient non pas aux cités qui organisent et perpétuent indéfiniment la violence en leur sein, comme le fit Sparte, mais à celles qui ont su la forger en instrument de conquête. Car si nous assimilons l'Etat antique à un corps de citoyens capables et désireux d'agir ensemble en vue d'un bien perçu par tous, il apparaît que seule la guerre étrangère puisse représenter un tel bien tant est-il que l'agression constitue le seul moyen par lequel la richesse peut être acquise collectivement. Par conséquent, la Cité antique ne peut subsister qu'en tant qu'armée, ne peut réussir, durer et prospérer qu'en tant qu'armée. Tel est le sens qu'il me semble falloir donner au fameux S.P.Q.R. par lequel s'exprimait la puissance publique romaine : Senatus Populusque Romanus : non pas le Sénat et le peuple de Rome mais plutôt le Sénat et l'armée des Romains. L'armée comme expression collective du désir de richesse, voilà dans sa simplicité la constitution politique de la République romaine, le secret de sa longévité et du succès de ses armes qui lui ont valu de l'emporter sur tous ses adversaires et d'établir son empire sur l'ensemble du monde Antique.

Sans doute fallait-il aux Romains, pour suivre avec constance cette ligne de conduite pendant les quatre siècles qu'a duré la République, ces quelques vertus qu'ont exaltées en leur temps les historiens antiques et modernes : sobriété, ténacité, discipline et patriotisme. Mais elles n'auraient guère suffi sans le sens politique qui les amenait à élargir l'assise sociale de leur Etat au fur et à mesure de leurs conquêtes. Comme les autres cités antiques, la République romaine naît vers 510 sous les auspices bien sombres de la lutte civile entre patriciens qui se partagent le pouvoir et plébéiens qui n'ont pas accès aux magistratures. L'abolition de la royauté a dû aggraver la condition de ces derniers, à en juger par la véhémence soudaine de cette confrontation dès les premières décennies du Ve siècle. C'est à cette époque, où la survie de Rome fût rien moins que sûre, que Tite-Live situe ses édifiants récits de dévouement, de courage et d'attachement à la patrie... Nous ne sommes pas obligés de les prendre pour argent comptant. Toutefois, le fait demeure que Rome parvient à rétablir son emprise sur le Latium et, au-delà, à repousser ses frontières vers le Nord (l'Etrurie) et le Sud (Volsques, Eques) si bien que, au début du IVe siècle, l'Ager Romanus s'étend de l'Etrurie jusqu'à la Campanie. Au cours des mêmes années se résout peu à peu l'opposition entre plébéiens et patriciens, et l'on est en droit de supposer ici que ces deux développements ne sont pas étrangers l'un à l'autre. A l'incapacité civile des premiers correspondait sans doute une condition matérielle médiocre qui les empêchait aussi sûrement de participer à la vie politique que le refus des propriétaires puissants de les y faire entrer. Chez les Anciens, la liberté politique reste toujours associée à un degré élevé d'affranchissement des travaux pénibles de la vie quotidienne, une certaine oisiveté dont les plébéiens, hommes libres pourtant au sens juridique du terme, ne disposaient guère. Si les patriciens avaient besoin de leur concours pour défendre leurs domaines contre les peuples voisins hostiles, les plébéiens voyaient dans l'issue victorieuse de ces guerres le moyen d'acquérir des biens et d'ajouter à leurs modestes possessions et ainsi de créer les conditions d'une intervention plus active dans la vie politique. L'ancienne distinction des classes se résorbe donc progressivement dans la richesse grandissante qu'apporte à Rome l'extension de son territoire, au point que, vers 340, un plébéien occupera pour la première fois la magistrature suprême : le consulat. Et lorsque, peu après, un autre membre de cette classe revêt enfin la pourpre sénatoriale, on imaginera mal celui-ci n'être qu'un simple berger ou un petit cultivateur.

Cependant, Rome ne fait pas que sauvegarder la paix civile par le simple assujettissement de ses voisins. Sa grande originalité, qui reste en effet unique dans l'histoire de l'Antiquité, a été d'associer ses ci-devant rivaux et ennemis à sa propre destinée. Ce trait fut remarqué non seulement par les historiens nationaux tardifs mais déjà par le Grec Polybe au début du IIe siècle qui y voit avec perspicacité le secret de la réussite de l'impérialisme romain. Du même pas qu'avancent ses conquêtes, Rome accorde ainsi aux cités anciennement soumises ou alliées une citoyenneté d'abord partielle ou dégradée puis entière. Ces concessions lui sont parfois arrachées de force, comme ce fut le cas dans la guerre contre les fédérés latins en 340 qui, bien que vaincus, obtiennent néanmoins la citoyenneté romaine en 338... D'autres villes d'Italie reçoivent la citoyenneté incomplète dite « de droit latin » qui exclut le suffrage généralisé mais l'accorde à leurs magistrats sortis de charge (ce qui revient en quelque sorte à l'accorder à l'ensemble de la classe possédante). Certaines d'entre elles, récompensées de leur fidélité à la République, se voyent octroyer la citoyenneté romaine complète. Enfin, dans les cités fondées par les colons romains en territoire annexé, ceux-ci conservent leur citoyenneté de plein droit. La conséquence en est que le corps civique romain finit par déborder largement l'enceinte de l'Urbs Roma à l'intérieur de laquelle il reste cependant seul possible de voter et donc de peser sur les résolutions des comices.

La paix au centre, la guerre à la périphérie, ou plus précisément l'apaisement intérieur par la guerre offensive et conquérante, voilà le fil conducteur de la politique romaine pendant les deux ou trois premiers siècles de la République. Son expansion n'en fut pas moins traversée par des crises et des revers terribles ou freinée par des adversaires redoutables tel l'invasion des Gaulois en 390 qui balayent toute l'Italie comme un raz-de-marée puis se retirent sans avoir affecté durablement la puissance romaine. De 343 à 304, Rome se heurte à un peuple de rudes montagnards des Abruzzes, les Samnites, dont elle reste vainqueur au bout de trois guerres longues et pénibles, non sans avoir subi d'humiliantes défaites (celle des fourches caudines). A l'issue de ce conflit, Rome repousse ses frontières jusqu'aux villes de la Grande-Grèce dont Tarente, avec laquelle elle entre en guerre en 281. Les démagogues, qui gouvernent la ville et dont les actions irréfléchies et provocatrices sont la principale cause de ce conflit que Rome ne cherche pas vraiment, appellent à leur secours le roi d'Epire, Pyrrhus, qui rêve d'accomplir en Occident l'exploit qu'a réussi son lointain parent, Alexandre, en Asie. Son entreprise, mal préparée et mal soutenue par la population grecque versatile, se brise sur la discipline et la supériorité numérique de l'armée romaine : en 272, Tarente tombe et, avec elle, toute l'Italie obéit désormais aux Romains.

Tout au long du IIIe siècle la Méditerranée occidentale va être le théâtre du duel entre Rome et Carthage qui verra la volonté inflexible d'un peuple triompher du génie d'un seul homme : Hannibal. Dans cette lutte mortelle, se manifestera avec éclat la solidité de l'édifice politique romain : les vieux antagonismes sociaux au sein de la République n'existent plus. La grande propriété s'est certes développée mais pas encore au détriment des moyennes exploitations. Le travail servile y est largement employé et on a remarqué, à juste titre il me semble, que sans celui-ci la levée d'importants contingents après les désastres du lac Trasimène et de Cannes en 216 aurait été impossible. S'il n'empiète pas déjà sur celui du citoyen libre, c'est que la société romaine n'est pas encore gagnée à grande échelle par le goût du luxe et de l'opulence et que les guerres absorbent la majeure partie des ressources que produit l'Italie. Enfin, un réseau d'alliés fidèles entoure Rome au plus près et il faudra la sanglante défaite de Cannes (100 000 morts ?) pour que le doute s'installe... Tous ces avantages ont donné à Rome la victoire. Qu'elle soit toutefois passée à deux doigts d'une catastrophe irrémédiable, ces épisodes dans tous leurs détails ont ceci d'édifiant qu'ils nous montrent les limites de l'analyse historique, que les causes les plus petites y ont parfois les plus grands effets et que, à la différence de ce que prétendait un grand savant à propos de la Nature, l'Histoire, elle, ne répugne pas à jouer aux dés...

A l'issue de la deuxième guerre Punique (Zama 202), Rome règne en maître dans l'ensemble du bassin occidental de la Méditerranée, agit à sa guise en Espagne (auparavant carthaginoise), annexe la Gaule méridionale et organise la Gaule Cisalpine en Province. Aux yeux de tous, elle apparaît soudain comme l'arbitre suprême des affaires du Monde. Aussi est-elle sollicitée dans la Guerre qui oppose les Grecs continentaux à Philippe V de Macédoine. Rome est d'autant plus enclin à les soutenir que ce souverain s'était rangé du côté de Carthage. Il sera battu à Cynocéphales en 197, et le Protectorat sur la Grèce établi par la suite. Plus tard encore, les Romains repoussent l'invasion lancée par Antiochos IV de Syrie, le roi Séleucide, dont ils arrêtent l'armée aux Thermopyles en 191 et qu'ils poursuivent jusqu'en Asie (bataille de Magnésie / 190)

– Ces campagnes militaires font connaître pour la première fois les trésors et les délices du raffinement gréco-oriental. En quelques décennies, le goût de la richesse et du luxe chasse l'antique et traditionnelle sobriété des classes dirigeantes. L'enrichissement personnel, la prise de butin et d'esclaves deviennent le principal motif des expéditions lointaines qui se déroulent désormais toujours hors l'Italie et le plus souvent en Espagne, en Grèce et en Afrique (prise de Carthage). Les interventions romaines dans la politique grecque leur procurent aussi des avantages commerciaux que les négociants italiens mettent à profit pour s'installer à Délos au détriment de Rhodes qui fut jusqu'alors la plaque tournante du commerce Egéen. Un afflux continu de richesses se répand sur Rome et sur l'Italie... On se souviendra des diatribes de Caton l'Ancien contre l'abandon de l'ancestrale frugalité, la « Cupiditas » et le négoce de l'argent. S'il y voyait peut-être un danger pour la valeur militaire de l'armée, ce n'est pourtant pas dans l'apparition d'une quelconque mollesse morale qu'il faudra le chercher que dans les effets politiques et sociaux de cette nouvelle richesse. Lorsque les classes possédantes décident de mener grand train et de s'entourer d'un luxe coûteux et ostentatoire, il faut bien que les choses qui le composent soient produites en grand nombre et sur le sol italien, le seul pillage des contrées conquises ne pouvant y suffire. C'est aussi à cette fin qu'un grand nombre d'esclaves sont importés, soit directement dans le train des armées, soit indirectement par les marchés insulaires de Délos ou de Rhodes qu'alimentent la piraterie et les guerres que se livrent les royaumes orientaux. A la recherche d'investissements pour leurs fortunes mobilières, chevaliers et sénateurs font main basse sur les domaines de l'Ager Publicus, en principe propriété du peuple romain, et les exploitent avec de la main-d'œuvre servile. Au fur et à mesure que l'Orient passe sous leur domination, les Romains le soumettent à une mise à sac systématique. De ce fait, l'Italie devient un grand centre de production industrielle et son essor n'est autre que la conséquence directe de la destruction des anciens centres de production (dont Carthage en 145) et du transfert violent des richesses monétaires et humaines (esclaves). Les petits et moyens propriétaires qui formaient jusqu'à présent l'épine dorsale de l'armée subissent la concurrence des grands domaines (latifundia) qui vendent le blé à vil prix tandis que leurs biens sont convoités par les manieurs d'argent et nouveaux riches avides de terres. Si l'on considère avec cela qu'ils sont souvent appelés à servir dans les légions, loin de chez eux, dans des guerres interminables, on comprend que nombre d'entre eux se résignent à vendre leurs fermes et, soit à y rester en qualité de fermiers (coloni) afin d'échapper au service militaire auquel seul les possédants sont astreints, soit à rejoindre un nouveau prolétariat qui s'entasse dans la capitale.

Ces bouleversements et changements de fortune brisent la solidarité qui liait jusqu'alors le citoyen romain aux institutions républicaines. Celle-ci était acquise tant que la République appuyait les intérêts des grands tout en agissant aussi en faveur de l'humble citoyen, elle pouvait durer tant qu'elle servait aux desseins des premiers tout en respectant les biens des autres. Mais lorsque la guerre devint une affaire privée dont les bénéfices n'allaient qu'à une minorité, elle ne pouvait plus être menée au nom de la République. Pour reprendre la formule choisie au début de ce chapitre : l'armée comme expression collective du désir de richesse, voilà ce qui disparaît tout au long du IIe siècle.

Les institutions, certes, survivent mais leur fonctionnement est détourné et, en leur sein, émerge autre chose, une autre forme de pouvoir née de l'effacement de la République comme cadre pertinent et efficace de l'action politique et militaire.

En effet, à l'instar de tant d'autres cités antiques, Rome traverse à son tour les convulsions nées du développement des échanges et de la richesse mais ce ne sera pas pour tomber comme elles, à la fin, dans l'impuissance. Car déjà Rome est-elle maître du monde et les troubles qui vont y éclater ne sont rien d'autre que les conséquences de cette puissance, mieux : ils ajouteront à cette puissance. Les dizaines de milliers de citoyens chassés de leurs demeures ancestrales ne réclament rien d'autre que de nouvelles terres pour rebâtir leur existence. Et si la République ne peut les leur donner, il y a dans Rome des hommes influents, riches, ambitieux, bons généraux et habiles politiques, qui veulent bien le leur promettre... Voici venir le temps des guerres civiles où les chefs conduisent leurs armées en Orient, en Gaule et en Afrique, pour parachever la conquête de ce qui devient l'Empire romain tel qu'il nous est familier. A la fin de leurs campagnes victorieuses, ils établissent leurs vétérans en Italie et dans les provinces, créant de la sorte autant de noyaux nouveaux de vie urbaine romaine. Aussi, au fil des années, les guerres civiles se résument à une simple lutte pour le pouvoir personnel que les causes qui les avaient allumées n'alimentent plus. La République n'existe plus, «n'est plus qu'un mot» soupire Cicéron, dans ce combat de grands fauves ou, si l'on préfère, de demi-dieux. Le triomphe final d'un d'entre eux rendra donc la paix mais non la République car le fondement de son pouvoir restera comme par le passé l'attachement et l'obéissance des légions à sa personne et celles-ci ne sont plus depuis longtemps le peuple romain en armes mais se composent pour l'essentiel en leurs échelons inférieurs de volontaires qui voient dans le service le moyen, à son terme, d'accéder à une position sociale meilleure. Il est vrai cependant qu'Octave, au lendemain de sa victoire sur Antoine à Actium en 31 Av. J.C, la présente expressément comme le triomphe des Romains et l'empire, qui se trouve à nouveau uni entre ses mains comme celui du peuple romain. Mais il faut surtout y lire une propagande habile visant à concilier ceux qui ont encore la nostalgie de la République avec son pouvoir personnel. La paix intérieure qu'inaugure son règne ne doit rien à cette restauration républicaine de façade mais est rendue possible et coïncide avec la satisfaction des aspirations matérielles de la majorité des citoyens romains, soit tous les Italiens nés libres. Il n'en est donc pas la cause, de même que le pouvoir impérial ne pourra plus être et ne sera plus jamais le lieu d'une action collective capable de surmonter de nouvelles divisions sociales à venir. Au lieu d'en être l'expression, le pouvoir impérial flotte d'une certaine manière sur la population de l'Empire comme sur une mer tantôt calme tantôt houleuse. La Rome politique est morte, la société ou plutôt les multiples sociétés qui composent l'Empire évoluent spontanément selon les aspirations de leurs membres dans cet immense espace unifié sous administration romaine. Et on aurait tort d'attribuer à cette unité politique la longue paix de plus de deux siècles qu'a connue le monde antique depuis Auguste, plus qu'à sa transformation interne qui permit à ses habitants de poursuivre leur quête de la richesse par le moyen de l'échange commercial.

Le pillage organisé des provinces orientales lors de la conquête et par l'administration prédatrice de la fin de la République, la destruction de Carthage, le transfert déjà évoqué d'énormes quantités de métaux précieux et d'esclaves vers la Péninsule, avaient hissé l'Italie au rang de premier centre de production et de consommation du monde antique. Or, cette position étant largement artificielle, l'arrêt des guerres internes et des méthodes de gouvernements plus équitables et réguliers devaient rétablir un équilibre plus profitable aux provinces. Ceci d'autant plus qu'il est plausible d'admettre que l'abondance de numéraire en Italie devait y soutenir un niveau élevé des prix. Le mouvement est amorcé dès le début de notre ère; il a duré jusqu'à la fin du deuxième siècle dans toutes les parties occidentales, septentrionales de l'Empire et en Afrique, il s'est même prolongé pendant la période troublée du IIIe siècle. L'Asie et l'Egypte aussi y ont participé mais l'implantation de colonies romaines n'a jamais eu la même ampleur dans ces pays anciennement hellénisés. Le trait le plus saillant en fut donc la fondation de milliers de foyers de vie urbaine dans des régions naguère rurales. Une partie de leurs habitants étaient des vétérans des légions à qui l'Empereur allouait des terres et des maisons à leur sortie du service actif. Mais d'autres Italiens entreprenants rejoignirent ces colonies pour y établir leur industrie. Ils y introduisirent la culture de la vigne et de l'olivier, qui sera poussée jusqu'aux limites de leur aire naturelle. L'installation de garnisons aux frontières de l'Empire puis la construction et l'entretien des fortifications de la Limes sur le Rhin et le Danube génèrent une demande de produits divers que les provinces limitrophes sont mieux placées à satisfaire. Les occasions d'affaires profitables y sont donc nombreuses. L'Italie en revanche subit de plein fouet, d'abord la perte du butin qu'apportaient les conquêtes puis, progressivement, les débouchés pour ses manufactures et son agriculture, enfin, la compétition sur son propre sol des exportations provinciales. Un marasme l'envahit qui brise son élan économique, surtout dans le centre et le Sud. L'industrie, les branches les plus intensives de l'agriculture, y sont délaissées (malgré des mesures protectrices comme celle de Domitien pour sauver la viticulture).

Sur le plan social, ceci se traduit par une crise de l'artisanat et des exploitations agricoles petites et moyennes qui sont absorbées par la grande propriété latifundiaire dont les terres sont laissées aux soins de fermiers. Un nouveau prolétariat italien apparaît, pour qui le service militaire offre la perspective d'une vie meilleure en province. Il faut en effet ici rappeler que, tout au long du Ie siècle de notre ère, à l'exception des troupes auxiliaires, l'armée fut composée exclusivement de citoyens romains et italiens. Tant que ceux-ci pouvaient s'établir librement en province, le déclin de la conjoncture sociale en Italie ne portait guère à conséquence. Mais lorsque l'essor des provinces elles-mêmes connaît un début de maturité et que les villes y acquièrent un statut municipal, un frein sera mis à l'immigration. Le mécontentement enfle alors dans la péninsule et gagne les légions qui mettent à profit la vacance du pouvoir impérial après la mort de Néron pour proclamer leurs propres champions contre le successeur désigné par la garde prétorienne et le Sénat, autrement dit : les classes privilégiées. L'année des quatre empereurs (69) marque ainsi une résurgence aussi brève que violente de la guerre civile et révèle la vive animosité des légionnaires à l'égard des citoyens aisés des villes dont plusieurs sont prises et mises à sac. Le vainqueur de cette lutte pour la dignité suprême, Vespasien, Romain d'origine espagnole, tire les leçons de la situation dangereuse qu'a révélée ce conflit et entreprend d'éliminer le prolétariat italien des rangs de l'armée pour le remplacer par des provinciaux pour qui le service est encore synonyme de promotion civique et sociale. Même les officiers et sous-officiers se recrutent de plus en plus dans la bourgeoisie romaine des villes de province. Ainsi, le pouvoir impérial déplace son assise vers ces régions dont la prospérité peut lui garantir des appuis solides tant militaires que politiques. Car la vieille aristocratie sénatoriale italienne, à son tour, s'éteint et doit céder ses positions à de riches provinciaux que les empereurs encouragent à acquérir des terres italiennes abandonnées. Un nouvel équilibre est instauré de la sorte, qui coïncide avec la dynastie des Antonins et qui est fondé non plus sur la suprématie de la nation italienne dans l'empire mais repose dorénavant sur l'adhésion de toutes les classes possédantes, civilisées donc urbaines de l'empire dans son ensemble.

Au rééquilibrage économique dont nous venons de parler succède ainsi logiquement le glissement politique du pouvoir. Or, pendant que celui-ci produit ses pleins effets, le premier commence à perdre de sa vigueur : l'idée même de rééquilibrage implique déjà la brièveté des flux qu'il engendre. La richesse initiale de l'Italie offrait aux provinces des débouchés assurés, son appauvrissement les réduit sûrement, ce qui se traduit par la baisse de la fièvre commerciale et de l'ardeur à entreprendre, et le désir des possédants de jouir tranquillement de revenus, fussent-ils moyens, de laisser leurs affaires entre les mains de gérants et de contremaîtres, d'investir leurs avoirs en terres et de les affermer à des colons peu assidus. L'Empire étant pacifié et les guerres de conquête abandonnées après Trajan, la baisse de la rentabilité ne peut plus être compensée par l'emploi d'esclaves. D'ou suit que les premières victimes de cette stagnation sont les petits laboureurs et les modestes artisans qui tombent peu à peu sous la dépendance de négociants aisés et de grands propriétaires terriens résidant dans les villes. Dans les provinces aussi réapparaît l'opposition de plus en plus tendue entre riches et pauvres, citadins et rustres, «honestiores» et «humiliores». Dans les villes multiples et opulentes demeurent les classes à qui appartient l'essentiel des richesses et pour qui travaillent les gens de métier dans leurs échoppes et les paysans dans les champs. L'image est d'autant plus juste qu'elle rend bien compte de la situation générale que crée la «remise à niveau» de l'économie antique dans les conditions de la paix romaine. La plupart des denrées agricoles et industrielles pouvant être produites sur l'ensemble de son territoire, le commerce de ces articles devait naturellement céder le pas à une production locale croissante, fût-elle parfois de médiocre qualité ou de piètre finition. L'absence encore de toute innovation technique majeure ne fait que renforcer ce penchant à l'autarcie qui fait prendre de plus en plus au désir de richesse la forme de l'exploitation directe des pauvres par les riches. Seul le négoce lointain d'articles de luxe exotiques en provenance de l'Inde ou de la Chine continue à prospérer mais au prix d'une perte chronique de numéraire car l'Empire a peu de fabrications à proposer en échange. La propension des possédants à l'oisiveté, d'une part, et, de l'autre, le manque de perspective pour les humbles d'échapper à leur condition, ne furent pas de nature à soutenir la production globale dans l'Empire. Tout animé du désir de richesse tel que nous l'avons défini, l'homme antique ne consent à l'effort que dans l'espoir de l'acquérir ou d'en avoir davantage et celui-ci se relâche une fois le but atteint ou lorsqu'il semble inaccessible. Alors qu'en haut de l'échelle sociale les citadins aisés se complaisent dans une vie de loisirs raffinés, en bas, on œuvre mollement, sans conviction ni application. Dans cette torpeur générale qui aurait pu fournir le nécessaire à une cité mais non à l' Empire, les besoins des armées et de l'administration émergent toujours plus haut dans le paysage économique. L'impôt correspondant est réparti entre les provinces (à l'exception de l'Italie) et les villes chargées de leur assiette et de la collecte. Comme leur Gouvernement est entre les mains de la bourgeoisie, les magistrats détournent régulièrement cette charge de plus en plus lourde sur les épaules des « humiliores » qui sont aussi les seuls à s'engager dans les légions, les familles aisées renonçant désormais à y envoyer leurs fils. A la fin du IIe siècle, les conditions d'une nouvelle conflagration interne seront ainsi réunies, cette fois à l'échelle de l'Empire. Marc-Aurèle résume l'impasse politique dans une simple phrase en s'adressant aux légionnaires pour leur refuser l'augmentation de solde qu'ils réclament : « tout ce que vous recevez au-dessus de votre solde ordinaire doit être exigé de vos camarades et de vos parents ». Après lui, les soldats, conscients du pouvoir qu'ils détiennent, ne se contenteront plus de demander mais prendront par la force des armes qu'ils retournent contre ceux qui les oppriment dans leurs foyers. Les Sévéri, empereurs originaires d'Afrique, gouverneront résolument avec et pour les « Humiliores » qui forment maintenant l'essentiel des effectifs militaires et sont le principal soutien de leur règne. « Payez les soldats et oubliez le reste » aurait dit Septime Sévère sur son lit de mort. Ne l'a-t-il pas dit, sa politique et celle de ses fils en est toutefois la vivante illustration. La bourgeoisie municipale se trouve ainsi prise entre le marteau du pouvoir impérial qui ne tire plus sa légitimité des populations civilisées et instruites de l'Empire et l'enclume de l'armée composée majoritairement d'éléments qui lui sont hostiles. Elle sera ruinée par les exigences sans cesse croissantes de l'Etat, au milieu de l'appauvrissement qu'entraînent l'évolution économique, l'insécurité et le brigandage, et bientôt aussi les guerres interminables qui ravagent l'Empire. Car les classes supérieures ne se résigneront pas à un lent étouffement. Sous Alexandre Sévère, elles tentent de reprendre les rênes du pouvoir mais la réaction fera long feu tant l'évolution inéluctable des conditions sociales et économiques s'y opposa. La réaction de la soldatesque n'en fut que plus violente. L'anarchie s'installe partout, destructions, meurtres et pillages ensanglantent les provinces. Seule l'Afrique y échappe et, pour elle, le IIIe siècle sera encore heureux. Mais, ailleurs, la civilisation citadine, dont tant de vestiges témoignent jusqu'à nos jours, disparaît tant par la main de la troupe que par celle des barbares que l'armée, affaiblie, ne parvient plus à maîtriser. Au prix d'un suprême effort, l'Italie sera sauvée de l'invasion et l'Etat et l'Armée réorganisés sous Dioclétien. Pour autant, l'Empire n'en sortira ni plus sain, ni plus fort : les guerres internes ont aggravé sa dépopulation déjà entamée sous les Antonins par la dégradation des conditions de vie populaire. Certes, la bourgeoisie municipale qui dirigeait les villes semi-autonomes n'existe plus, mais la paysannerie n'est pas mieux lotie et n'a rien gagné à sa disparition : elle est devenue l'unique soutien et fournisseur de l'Etat à travers les grandes propriétés qui appartiennent à ses dignitaires. Indispensable, le paysan est attaché à la glèbe et tenu, comme l'artisan des villes, d'engendrer le fils qui prendra sa relève. De plus en plus, les légions recrutent dans les régions les plus reculées et les moins civilisées qui sont réputées pour fournir de plus vaillants guerriers si ce ne sont les Barbares eux-mêmes qui en remplissent les rangs, attirés par la solde et la perspective d'une carrière militaire.

Les liens qui unissaient les diverses parties de l'Orbis Romain se relâchent. Son cœur battant se réfugie à Constantinople, en Orient, là où demeurent une richesse et une prospérité relatives. En Occident, s'éteignent l'une après l'autre les lumières, non seulement par l'incursion meurtrière des Germains, saccageant une civilisation florissante, mais par un développement sous-jacent que nous avons pu retracer à plusieurs reprises dans l'antiquité gréco-romaine et dont la naissance et la chute de l'Empire romain est la conclusion finale et logique. Le désir de richesse domine l'esprit et guide l'action de l'homme antique. Il fait que son histoire est essentiellement guerrière et accessoirement commerciale, qu'on y prend d'abord par l'épée ce qu'on acquiert par l'échange ensuite, pour le perdre enfin à nouveau par la violence.

En abordant notre Moyen-Âge, nous verrons une autre propension se manifester : celle de produire en vue de l'échange et donc de la possession de la richesse. Dans cette conjoncture qui est la nôtre sont ainsi créées les conditions que nous avons identifiées, comme celles qui donnent un objet à la science économique.

VIII

LE HAUT MOYEN-ÂGE : PRODUIRE POUR ÉCHANGER : UNE VOIE NOUVELLE VERS LA RICHESSE

Nous avons montré que la valeur marchande des choses provient de la volonté de disposer d'elles sans avoir à les produire ni à en produire d'autres en contrepartie. Cette volonté anime l'homme antique et inspire ses actions et entreprises collectives. Pour cette raison, aucune cité antique n'a pu trouver dans les relations qu'établissent entre les hommes les besoins de la production et de l'échange les fondements solides, pacifiques et durables de la société, si bien que les Anciens ne savent les concevoir qu'en dehors de ce besoin et donc qu'entre hommes libres des préoccupations matérielles de l'existence. Et c'est bien cette condition qu'il faut avoir devant les yeux lorsqu'Aristote, dans «la Politique» soutient que le ciment de toute cité est la «Philia», l'amitié, mot pour nous énigmatique dans ce contexte mais qui, pour lui, désigne tout simplement la condition d'aisance nécessaire à la liberté sans laquelle il ne peut y avoir société de gens capables d'agir ensemble en vue d'un but commun. La pauvreté qui suscite l'envie et la haine n'entre dans la société politique qu'au risque d'y introduire la violence et d'y déclencher la guerre civile. En même temps, cependant, elle est indispensable à la richesse des classes dirigeantes. Il en résulte que, dans les cités antiques, la société réelle créée par les activités productives déborde constamment la société politique et de ce déséquilibre naissent les désordres et la permanente instabilité qui, soit la mène à sa perte, soit la conduit à l'agression extérieure qui, par la conquête de territoires nouveaux, parvient à rétablir la concorde civile. Mais jamais n'est-elle acquise durablement et sa pérennité est au prix de guerres toujours renouvelées. La conclusion de cette histoire agitée, de cette belligérance forcée, de la nécessité impérieuse d'établir la puissance et la paix civile intérieure d'un Etat sur la ruine et les dépouilles d'un autre, ne pouvait être que le triomphe de celui plus apte à la guerre, plus tenace dans l'adversité, plus habile dans la victoire. Toutefois, malgré son génie, la République romaine non plus n'échappera à cette loi d'airain qui interdit la formation d'une nation au-delà des cadres étroits de la Cité. Car si l'amitié seule la fonde, elle ne saurait agir efficacement que dans le cadre géographique restreint qui autorise une vie commune effective. Aussi, l'avènement de l'Empire signale la fin du peuple romain comme entité agissante. Dispersés aux quatre coins d'un espace immense, aucune véritable «amitié» sauf celle, vague et faiblissante, qu'inspire le souvenir d'une origine commune et d'un passé glorieux ne pouvait désormais les unir. L'Empire connut certes aux deux premiers siècles de son existence une paix et une réelle prospérité commerciale, quoique déclinante à partir du deuxième. Mais, pour les mêmes raisons qui les empêchaient de former une société civile dans les cités-états libres, les interdépendances liées à la production et à l'échange furent insuffisantes à transformer l'empire en un État propre à susciter entre ses peuples le sentiment d'un destin commun qu'il aurait pu incarner. Bien au contraire : la distension progressive de ces liens par la croissance des productions locales, la tendance dominante à l'autarcie et, par conséquent, à la première expression de la valeur, minent la cohésion entre ces parties. Dans les villes renaît à nouveau l'opposition irréductible entre riches et pauvres, à laquelle toutefois la paix romaine interdit de donner une libre expression politique (et donc guerrière). Dans ce tableau d'une économie stagnante dont les centres (sauf Rome) se replient lentement sur eux-mêmes, l'empire et son gouvernement apparaissent comme un élément de plus en plus étranger, prédateur, voire hostile. Une fois la dynamique de la conquête retombée, la paix intérieure le mine aussi sûrement que les invasions barbares. Le poids que ses besoins font peser sur les populations ajoutent à la misère de la condition des plus modestes qui, tantôt fuient leurs champs, tantôt renoncent à procréer, aggravant ainsi le sort de ceux qui restent ou leur succèdent. La dépopulation rampante de l'empire préfigure en effet la faiblesse de peuplement, caractéristique du Haut Moyen-Âge. L'autarcie aussi, l'affaissement de la civilisation matérielle à un niveau de plus en plus médiocre, l'assèchement des courants commerciaux, l'hémorragie puis la pénurie de métaux précieux qu'absorbe le commerce de luxe avec les parties orientales de l'empire et, au-delà, avec l'Inde et la Chine. Dans une certaine mesure, le Haut Moyen-Âge est le résultat de la lente désagrégation de l'empire lui-même. Du moins son morcellement, son déclin démographique, sa pauvreté croissante s'expliquent par une évolution interne. L'effacement de l'État et de son administration, la disparition des charges correspondantes pesant sur la paysannerie, pourraient faire imaginer une amélioration de leur sort mais l'arrivée de nouveaux maîtres, l'insécurité et l'anarchie qui suivent la disparition de toute autorité étatique régulière, ne sont guère propices à un essor nouveau mais renforcent encore davantage le repli, l'abandon des villes, le resserrement des communautés sous la férule mais aussi la main protectrice d'un seigneur puissant et armé.

Les quatre ou cinq siècles qui vont des invasions barbares jusqu'à la fin de l'époque carolingienne n'ont pour le but de notre enquête sur la valeur marchande et la richesse que peu d'intérêt, cela par l'absence même de toute expression marchande de la valeur qui se résume alors à l'accaparement immédiat par le seigneur du surplus produit sur ses domaines dont les serfs remettent entre ses mains le sort et la protection de leur personne.

L'émiettement du pouvoir en souverainetés locales touche ici à son terme. La création des royaumes francs ou bourguignons éphémères et instables, voire la renaissance de l'Empire d'Occident sous Charlemagne, n'inversera aucunement cette tendance. Si l'élan guerrier et l'espoir de victoire et de butin peuvent toujours unir les chefs sous la bannière de leur Roi: sur leurs terres, ils sont des princes indépendants qui ne s'estiment tenus envers leur suzerain que par des liens d'allégeance personnelle. Ainsi naît le système politique médiéval du féodalisme, qui se stabilisera au fur et à mesure qu'avance la fusion des diverses populations sur le sol des anciennes provinces romaines et que cessent les incursions de peuples nouveaux, tels les Hongrois et les Normands. En lui-même toutefois le féodalisme ne représente rien de nouveau quant à la forme que peut prendre la valeur, rien qui puisse la faire départir de la forme du prélèvement direct. Et si l'on considère avec cela le niveau très bas du peuplement, l'existence de vastes déserts, de « solitudes » comme les nomment les chroniques, une évolution pareille à celle qui, dans l'Antiquité, conduisit à la fondation de Cités, ne pouvait avoir lieu.

Ici ce n'est pas la surpopulation relative, à l'origine de la Polis grecque, l'émigration et la colonisation du pourtour méditerranéen qui réalise les conditions du négoce lointain, mais au contraire la volonté de rentrer en relation d'échange, partant de créer les conditions nécessaires à cet effet qui va entraîner une rapide augmentation de la population et, par la suite, la naissance de la ville médiévale. Il sera utile pour notre propos de regarder cet engrenage de plus près.

Le recul de la richesse matérielle en Europe dans les premiers siècles du Moyen-Âge est profond. Le seul commerce d'articles de luxe porté par les marchands juifs ou syriens s'éteint au VIIe et VIIIe siècles, suite d'abord aux conquêtes musulmanes mais encore et plus sûrement par l'épuisement des stocks monétaires en Occident. Ce dénuement contraste singulièrement avec l'opulence et l'éclat de la première civilisation de l'Islam dont les causes sont identiques à celles que nous avons rencontrées à maintes reprises dans l'histoire du monde antique : la remise en circulation de l'or thésaurisé par les rois Perses Sassanides, de celui prélevé aux monastères chrétiens ou exhumé des tombes pharaoniques, enfin et plus tard celui qu'apportèrent les caravanes du Soudan et de Nubie. Par son expansion fulgurante, l'Islam remet en rapport sur une aire très vaste, allant du Maroc et l'Espagne jusqu'à l'Iran, l'Afrique orientale et l'Extrême-Orient des régions que le recul de la puissance romaine avait isolées. Les ramifications de ce commerce actif parcourent aussi les pays européens dont les ressources permettant d'y participer sont toutefois extrêmement réduites. On sait ainsi par exemple que, au IXe siècle, se faisait la traite d'esclaves en provenance des peuples Slaves encore païens, que le bois de construction navale fut une des principales marchandises dont les Vénitiens faisaient trafic à leurs débuts, que les Normands alternaient rapine et commerce à l'occasion. Mais ce négoce butait inévitablement sur la faiblesse des productions locales destinées uniquement à satisfaire les besoins de l'économie domaniale. Aussi, pour étoffer ces échanges balbutiants et afin d'accéder à un luxe qui leur échappait autrement, les seigneurs féodaux se résolvent à augmenter la fabrication de biens échangeables. C'est un trait nouveau et inédit dans l'histoire de notre continent dont on pourrait se demander pourquoi il n'a pas été plus amplement commenté si la croyance moderne à la propension naturelle de l'homme au troc et à l'échange ne tenait ici lieu d'explication toute prête. Or, en ce cas, ne faudrait-il pas plutôt s'étonner davantage de la préférence toute antique pour l'autosuffisance, préférence non seulement exprimée par les auteurs littéraires mais tendance lourde et toujours présente dans les cités gréco-romaines tant que la guerre ne les pousse pas dans d'autres voies. Non, le fait ici est nouveau et mérite d'être remarqué. Il signale pour la première fois un esprit différent qui ne cessera de s'affirmer plus nettement par la suite : produire, produire, certes, pour échanger par la suite et acquérir de la sorte une richesse nouvelle mais produire quand même, révèle une disposition qui tranche avec celle de la tradition antique et orientale devant les moyens d'accéder à la richesse. Et on aurait tort d'en réduire la portée en alléguant par exemple qu'il ne fut pas difficile aux possesseurs de grands domaines d'augmenter les surfaces cultivées, qu'il leur suffisait d'y employer plus d'ouvriers… car le défrichement, la mise en valeur est chose ardue et demande des moyens matériels et humains considérables avant de rapporter un premier gain. En plus de cela, il faut trouver les hommes disposés à cet effort et cela ne va pas en général sans leur accorder des conditions de bail plus avantageux que ceux qui régissent les anciens serfs. Tout se passe comme si les seigneurs sollicitaient l'arrivée de gens nouveaux plutôt que de contraindre ceux qui résident déjà sur leurs terres, ceci à rebours du réflexe ancien de se saisir des choses qu'il désire posséder, tentation toujours vive, en témoignent la multitude de péages et le nombre de brigands féodaux qui infestent les voies de communication du grand négoce, mais, là où doit s'opérer finalement quelque transaction profitable à toutes les parties, le seigneur adopte un comportement médié et indirect : il accepte de produire pour être en mesure d'échanger. On observera donc que cette production excédentaire ne représente en elle-même aucune valeur si bien que, si ne s'offrait la perspective de l'échange, on renoncerait aussitôt à la créer. Elle n'acquiert cette valeur que dans l'échange et donc par la circonstance qui lui donne une valeur à l'autre bout au périple marchand. Dans les premiers commencements de son essor, l'économie européenne nous apprend ainsi elle-même la dissociation entre la production des choses et la valeur qu'elles peuvent recevoir. Seul l'échange établit éventuellement les conditions de cette valeur sans laquelle elle ne serait qu'un simple excédent. Ce que nous avions démontré par l'analyse se trouve confirmé ici à la naissance d'un commerce d'un genre nouveau qui associe production et échange dans une relation dynamique où l'un est stimulé et entraîné par l'autre.

Et si aujourd'hui cette vérité ne nous apparaît plus dans autant de lumière, au point que nous confondons productions et richesses, la raison en est que les circonstances de la production et les occasions qui lui donnent une valeur marchande sont aussi multiples et si intimement entremêlées dans le système économique qu'il nous est malaisé de les distinguer, plus qu'au Moyen-Âge où le nombre restreint des objets manufacturés et le flux unidirectionnel des échanges qui leur donne du prix la rendend manifeste au premier coup d'œil. Une fois saisie cependant, cette distinction ne nous échappera plus et nous servira de fil d'Ariane dans la complexité croissante du commerce européen.

IX

DU MOYEN-ÂGE À LA RÉVOLUTION INDUSTRIELLE : UNE EXPANSION ÉQUILIBRÉE

Dans la précédente section, nous avons reconnu la disposition à produire en vue de l'échange comme l'élément nouveau qui marque une rupture avec le monde ancien. Et afin de bien la saisir dans sa nouveauté, il importe par conséquent de la définir avec précision et de la distinguer de ce qui ne saurait être confondu avec elle. Car tout d'abord on pourrait nous rétorquer que, de tout temps, les hommes se sont livrés à la production des biens, que sans elle la simple volonté de pouvoir en disposer sans avoir à les produire de ses propres mains serait restée sans objet. Il ne s'agit pas en effet de cette production routinière sur laquelle le seigneur prélève sa part et qui fait que son oisiveté productive, l'orgueil de gouverner ses gens et son domaine, le plaisir d'y traquer le gibier, demeurent son seul luxe. Mais on ne devra pas davantage réduire ce penchant à la recherche d'organisation et de rationalisation du système productif vers son rendement maximal tel que nous la montre l'histoire gréco-romaine chaque fois que les événements politiques et militaires, avec leurs bouleversements et conquêtes, relancent les échanges. Il s'agit ici de tirer profit d'une conjoncture passagère : c'est la perspective du bénéfice facile mais éphémère qui commande la mise en œuvre rationnelle de moyens connus et disponibles sur place ou ailleurs et non la transformation de ceux-ci qui alimente et multiplie les flux de marchandises. Jamais le monde antique n'a-t-il vu une révolution matérielle comparable à celle qui marque la civilisation européenne du onzième au dix-huitième siècle, période au cours de laquelle nous assistons déjà à une prolifération prodigieuse des manufactures et une complication remarquable des arts mécaniques. En revanche, le millénaire qui embrasse l'histoire que nous venons de survoler laisse à son terme les techniques et les procédés à peu près, dans le même état où il les trouve à ses débuts. Et ceci est encore plus vrai lorsqu'on sépare les inventions en elles-mêmes de l'usage qui en sera fait effectivement à des fins industrielles. Seul l'art de la guerre, les engins de siège et l'architecture militaire et civile seront portés à des degrés notables de perfection, pour des motifs et des nécessités politiques.

Ces quelques distinctions apportées, il sera alors possible de définir ainsi cette disposition nouvelle : la propension spontanée et sui generis à améliorer et faciliter la confection de toutes choses, tant anciennes que nouvelles, présentant un agrément ou commodité pour la vie matérielle des hommes. Et on entendra par spontané et sui generis que cette propension ne se déclare pas uniquement en connexion avec ou en proportion du profit que le négoce auquel donnent lieu ces innovations peut rapporter à leurs auteurs.

A celui qui douterait de cette spontanéité, je répondrai en lui représentant la haute valeur morale que notre culture accorde au travail productif, à rebours de l'éloge qu'une tradition plus ancienne n'a jamais laissé de faire du bon usage de l'oisiveté. Ceci au point d'attribuer au travail lui-même la création de la richesse, confusion pernicieuse dont la dissipation sans doute difficile est l'ambition de cet ouvrage. Il n'a pas fallu non plus attendre la naissance du protestantisme sous sa forme calviniste et puritaine pour voir cette sanctification de… la peine et de l'effort. A l'époque même qui nous arrête ici, le nouvel ordre de Cîteaux envoie ses moines défricher les déserts des landes et des forêts, assécher des marais, et croit trouver dans le labeur patient et quotidien la voie du salut éternel.

Le penchant est donc spontané dirons-nous et indépendant du deuxième qui ne pousse pas moins l'homme européen, à savoir le désir de richesse et donc de jouissance des biens matériels sans avoir à les produire. Et lorsque ces deux passions sont réunies dans son cœur et son esprit, notre histoire peut alors faire l'objet d'une science économique telle que nous en avons exposé les conditions au Chapitre III.

Vers l'An Mil, l'attrait toujours intact des objets du luxe oriental qu'un commerce occasionnel syrien ou juif colporte dans nos régions suscite le dessein d'étoffer ces échanges par une production accrue d'articles échangeables. De ce mouvement naît la ville médiévale : par l'agglomération sous les murs d'un bourg fortifié, demeure d'un prince féodal ou ecclésiastique d'un nombre croissant d'artisans qui proposent leurs fabrications aux marchands itinérants avant de prendre bientôt eux-mêmes, à la belle saison, le chemin des contrées lointaines. A son tour, cette expansion urbaine est rendue possible par l'augmentation de la population agricole, les défrichements intensifs, la mise en valeur de nouvelles terres par des gens nouveaux que les seigneurs attirent sur leurs domaines en leur proposant des conditions bien plus avantageuses que celles qui continuent de peser sur les ancien serfs. Aussi, ceux-ci sont-ils attirés par les promesses d'une vie plus prospère, facile et libre, et tentés de fuir vers les villes dont, dit le proverbe ; « l'air affranchit ». Enfin, la rapide croissance de la population qu'entraîne cette conjoncture favorable suffit à repeupler les campagnes et à soutenir l'essor urbain. Je ne décrirai pas ici dans le détail la renaissance de la vie commerciale au Moyen-Âge, qui n'a pour notre propos que l'intérêt de clairement montrer la dissociation entre la production des choses et leur valeur. Car, en effet, aucune de ces productions supplémentaires, qu'elles soient agricoles ou artisanales, n'a quelque valeur en l'endroit où elle a lieu mais seulement sur les marchés éloignés vers lesquels le marchand les achemine. C'est ici la perspective de l'échange qui incite à produire, l'espoir de se voir multiplier par 5, 10, 20 le prix d'une marchandise au bout d'un long et fastidieux périple vers les ports du Levant Byzantin ou Musulman. D'abord le bois et le fer dont les pays d'Islam sont assez dépourvus font prime dans ce négoce mais, bien vite, le drap dont la fabrication se perfectionne constitue le gros des exportations occidentales. Au retour, les marchands emportent encens, épices et autres aromatiques, pierres précieuses, orfèvreries, brocarts, soies et verreries, enfin une partie importante aussi en numéraire. Car si les profits dans ces échanges à grande distance sont élevés, la capacité d'absorption des produits orientaux en Europe est nécessairement faible : les propriétaires nobles écoulent la production excédentaire de leurs domaines vers les centres urbains en forte croissance pour l'échanger contre les articles de luxe dont ils agrémentent leur quotidien. Or, le rapport d'échange est ici nettement en leur défaveur, si bien qu'ils seraient bien incapables d'acquérir toutes les importations orientales que le commerce des villes serait en mesure d'acheter. Les termes des transactions sont en effet à ce point avantageux que l'évolution des quantités négociées ne peut suivre celle des bénéfices engrangés. Ce qui n'est d'ailleurs point le souhait des marchands et serait de toute manière rendu impossible par les faibles capacités des moyens de transport et la progression insuffisante de la production elle-même. Il leur est pour cela plus profitable de rapporter de leurs voyages une quantité d'or et d'argent monnayé. Ainsi les négociants disposent assez tôt (dès le début du XIIe siècle en Flandre et en Italie) d'importants capitaux mobiliers qui leur servent dans un premier temps à acheter l'indépendance, la « liberté » de leurs communes que les princes ecclésiastiques et territoriaux leur concèdent et dont les termes et garanties sont arrêtés dans la Charte. Les remparts dont s'entoure la ville médiévale sont le signe visible qu'une nouvelle entité politique est née, libérée du droit seigneurial qui régit la campagne. Entre ces deux mondes fort différents, voire opposés, s'établit une interdépendance économique dont le déséquilibre vient d'être évoqué mais dont la persistance crée un contraste de plus en plus frappant entre l'opulence de la bourgeoisie marchande citadine et la relative pauvreté des demeures domaniales. En fournissant à l'industrie urbaine vivres et matières premières (comme la laine) les propriétaires terriens alimentent à peu de frais un artisanat et un négoce international qui génère des bénéfices en circuit fermé. Il faut bien qu'un jour ces fortunes accumulées trouvent un emploi qui ne saurait être toutefois celui de la production mais qui, en rencontrant le désir des puissants à s'entourer d'un luxe auquel leur dignité les oblige à prétendre, amène les bourgeois à prêter aux nobles leurs richesses afin de les faire fructifier. Le monnayage de l'or et de l'argent procure d'ailleurs des profits substantiels aux seigneurs féodaux, usurpateurs du privilège régalien depuis la dislocation de l'Empire carolingien. Celui-ci sera à nouveau concentré entre les mains des rois et des princes territoriaux, au fur et à mesure qu'ils parviendront à rétablir et à étendre leur souveraineté effective. La frappe de nouvelles pièces de bon aloi au XIIe siècle (le gros valant 12 deniers) permettra de répandre bientôt l'usage de la monnaie dans les transactions courantes.

Afin de pouvoir consommer davantage, les propriétaires fonciers n'ont pas recours qu'au seul crédit : ils cherchent aussi à adapter la production de leurs terres aux besoins de plus en plus variés des villes. Ils essayent de tirer parti de leurs ressources et, au lieu de vouloir fabriquer sur place tout ce qui fait leur quotidien, ils préfèrent faire provision à meilleur compte sur les marchés urbains et accroître la production des denrées qui s'y vendent à bon prix. Ainsi disparaissent peu à peu les ateliers domestiques. Avec cela, la mise en valeur des friches continue sur sa lancée jusqu'à la fin du XIIIe siècle au moins et s'accompagne d'une hausse correspondante de la population globale.

Les cultures sont choisies selon les spécificités du sol et du climat dans le but d'obtenir un rendement maximal plus que d'assurer l'autosuffisance du domaine. La vigne se développe particulièrement les régions méridionales tandis que d'autres deviennent des fournisseurs de laine brute (par exemple l'Angleterre), ailleurs encore s'étendent les cultures tinctoriales, tels la garance et le pastel. Prestations en nature et redevances diverses aussi sont converties en monnaie sonnante et trébuchante, opération où le seigneur n'est pas toujours gagnant lors des altérations fréquentes du titre des pièces en circulation. Dans les pays les plus avancés, Flandre, Picardie, Midi, Italie du Nord, les campagnes s'insèrent entièrement dans les échanges... Cependant si les plus entreprenants d'entre eux parviennent de la sorte à augmenter leurs revenus, ceux-ci ne suffisent que rarement à couvrir les dépenses auxquelles leur rang et leurs obligations féodales astreignent les seigneurs. Cette situation conduira à la lente pénétration des fortunes mobilières bourgeoises dans la propriété noble par les effets à long terme de l'endettement chronique. Dans un premier temps, cette remise en circulation des capitaux accumulés stimule le négoce et l'artisanat urbain dont les besoins en vivres et matières premières vont de pair avec la croissance de la population rurale et l'extension des cultures. D'autre part, la conquête de la Syrie occidentale par les Croisés au XIIe siècle puis la prise de Constantinople et la fondation de l'Empire Latin en 1204 permet aux marchands Vénitiens et Génois d'accéder, sans aucun intermédiaire, aux produits orientaux et ainsi de maintenir leurs profits. Enfin, le progrès des techniques et une division de plus en plus poussée des opérations de fabrication sont également l'occasion de gains importants, surtout au XIIIe siècle. Voila en résumé les facteurs généralement invoqués par l'ensemble des historiens pour expliquer ce long essor de l'économie médiévale du XIe siècle jusqu'au début du XIVe siècle. Si on demande cependant ce qui a pu y mettre un frein dans le siècle qui a suivi, les réponses sont plus variées. Et je ne me mêlerai à cette controverse que pour autant que cet exposé que j'ai hâte de mener aux rivages de notre époque me conduit à y prendre position. Car il me semble que le tableau que nous venons de brosser contient en lui-même une solution à cette problématique, si l'on veut bien considérer que c'est l'endettement croissant de la noblesse rurale qui les empêche de jouer leur rôle de consommateur « in fine » des productions urbaines et va les contraindre peu à peu à aliéner tout ou partie de leur patrimoine. L'appauvrissement progressif de la petite et moyenne noblesse militaire est un fait attesté dans tout le monde occidental, à l'exception partielle de l'Italie où l'aristocratie terrienne, souvent aussi citadine, prit part de bonne heure aux affaires. Mais ailleurs c'est d'une manière plutôt passive, souvent ruineuse, par le biais du crédit, qu'ils participent à l'économie nouvelle. Les marchands enrichis par le grand négoce ne peuvent non plus envisager la poursuite de leurs activités comme une accumulation sans fin d'objets précieux et de numéraire. Ils convoitent la possession de terres, d'abord dans leurs propres villes qu'ils ont affranchies du droit féodal, puis plus loin dans les campagnes, les châteaux et manoirs de la petite noblesse qui engage ses biens auprès d'eux. Si l'argent prêté et aussitôt dépensé soutient et active leur propre commerce, ils s'assurent du remboursement du capital, plus aléatoire, par une entente de plus en plus étroite avec les rois et les princes territoriaux, désireux d'étendre leur pouvoir et de renforcer leur emprise sur des féodaux trop longtemps indépendants et insoumis. C'est ainsi, en prêtant aux grands, qu'on tient en échec les petits et qu'on partage leurs dépouilles.

Ce système, s'il permet la mainmise progressive de la bourgeoisie urbaine sur les domaines nobles, aboutit en même temps à leur insolvabilité. La consommation d'articles de qualité, soit importés, choix manufacturés sur place, s'amenuise. On en perçoit le signe dans la fin de la mobilité sociale dans les villes mêmes où les métiers se ferment aux nouveaux arrivants et apprentis qui se trouvent relégués à un rôle subalterne sans espoir de pouvoir accéder à la maîtrise. Pour autant, le prix des produits ne chute guère car les artisans veillent à toute concurrence à la baisse et leur corporation édicte des règles strictes sur la qualité des marchandises et des procédés employés. En revanche, la pression que subissent les propriétaires à la vente de leur production instaure un rapport de prix favorable aux manufactures. Ceci rend compte de la baisse relative du prix des blés à partir de la fin du XIVe et la première moitié du XVe siècle. La peste noire de 1348 à 1352 prive beaucoup de domaines agricoles de main-d'œuvre et ajoute ainsi à leurs difficultés car les journaliers se font chèrement payer. La fusion de l'ancienne propriété noble et de la fortune roturière s'en trouve encore accélérée mais également l'émergence d'une paysannerie libre et souvent aisée est due à cette conjoncture qui contraint les seigneurs à leur céder tout ou partie de leurs possessions. L'intrusion de la fortune marchande dans la campagne fera aussi sortir l'industrie du carcan des régulations corporatistes qui régissent les métiers dans la ville : le marasme commercial entretenu par le haut niveau relatif du prix des manufactures sera en partie levé par le développement de l'artisanat rural où le négociant fournit les matières premières et l'outillage requis au paysan et sa famille qui les travaillent à domicile pendant la morte saison pour céder le produit ouvré ou semi-fini à un prix librement convenu. Le textile se prête particulièrement à ce système de sous-traitance ou « putting-out » comme les économistes le qualifient. Sa rapide extension dans les régions les plus actives permet d'ajouter au revenu agricole et contribue au repeuplement des campagnes que la dépression agraire et les pestes successives avaient désolées. À son tour, la croissance démographique entraîne la remise en culture de champs abandonnés et, avec l'arrêt de la chute, voire la timide remontée des prix céréaliers, restaure la prospérité du monde rural.

Toutefois, la cause principale du nouvel élan qui traverse l'Europe à partir de la deuxième moitié du XVe siècle est un faisceau d'innovations de conséquence, tel l'imprimerie, la papeterie, la poudre et l'invention de l'artillerie avec ses besoins en fer soudainement accrus, les progrès de la métallurgie, avec le haut fourneau et le four à fonderie, la multiplication des mines et carrières et l'extraction de plus en plus profonde du minerai qui demande des installations compliquées, l'industrie du verre enfin, la brasserie, la distillerie, l'horlogerie et tant d'autres qui donnent une direction et un mouvement nouveau aux échanges. Le commerce exotique qui, au XIe siècle, fut l'initiateur du réveil commercial de l'Europe, prend dans cette nouvelle avancée une part de plus en plus réduite malgré la découverte des Amériques et de la route maritime vers les Indes que Portugais et Espagnols ne doivent d'ailleurs qu'au perfectionnement de leurs navires et de leurs méthodes de navigation.

C'est maintenant le progrès matériel qui devient le moteur d'une croissance endogène et autonome où le ressort des échanges lointains ne joue plus le premier rôle. Celui-ci est désormais tenu par l'invention, la nouveauté dont la diffusion contrôlée par le négociant constitue son profit. On ne peut certes pas nier que l'afflux d'or et d'argent du Nouveau Monde n'ait accéléré l'expansion européenne tout au long du XVIe siècle malgré, mais à cause aussi, de l'inflation qu'il a engendrée. Toutefois, ces résultats très opposés, selon qu'on regarde les pays méditerranéens ou nordiques, ne sont rien en comparaison de l'extraordinaire complication matérielle que le monde occidental a créée depuis le Moyen Âge jusqu'au XVIIIe siècle, bien avant la révolution industrielle ; la multiplication des objets, outils et métiers, tout cela témoigne déjà du goût exceptionnel de notre civilisation pour la manipulation et la maîtrise de la nature. Cette fécondité inventive, avons-nous dit, est le terreau sur lequel le négociant prospère. Loin d'être lui-même l'auteur de ces inventions (ou si peu), il les repère (parfois à l'étranger), il organise leur production et leur distribution à son avantage. C'est encore et toujours, comme à ses débuts, en faisant « marcher » la marchandise d'une ville, d'un port, d'une nation à l'autre, en faisant varier sa valeur relative dans l'échange, qu'il réalise son bénéfice. Et c'est à juste titre que d'aucuns ont appelé « âge marchand » cette période de l'histoire économique de notre continent. Le commerce et non la production en elle-même est la source du profit et donc de la richesse. Mais celui-là ne pourrait durer ni se renouveler sans la croissance lente, d'une part, de la variété des manufactures et, de l'autre, de la production agricole dont l'excédent sert à acheter ses fabrications. Et je mets ici en contraste le revenu agricole avec celui industriel parce que le premier demeure en effet le débouché principal, presque unique, à ce que produit le deuxième par l'importance de l'activité qu'il représente : 80 à 90 % de la population vit à la campagne et même dans un pays aussi précocément industriel que l'Angleterre. C'est dire l'importance du revenu agricole, même si on prend en compte la production artisanale dans les chaumières dont il fut question.

Le bon prix du grain conforte le revenu des classes possédantes et stimule la demande d'articles manufacturés. Il fait plus le bonheur du marchand que de l'ouvrier, pour qui le pain revient cher. Jamais cependant ne verra-t-on, à l'instar du monde antique, le prix des subsistances commander souverainement tous les autres, jusqu'à rendre la simple possession de terres arables le seul refuge de la richesse. Car la recherche de la production et la quête de la productivité animent aussi les propriétaires. C'est ainsi que la croissance des deux secteurs, agricoles et industriels, va de pair quoique pas toujours au même rythme. D'où les variations séculaires des prix agricoles, soit à la hausse, soit – et ceci est inédit – à la baisse. Toute la durée d'un siècle, de 1650 jusqu'à 1730, le recul des prix, la chute du revenu agricole, a entraîné l'économie marchande dans une dépression prolongée. Cet épisode est assez significatif et révélateur de la dynamique du fonctionnement des économies européennes sous l'ancien régime : non seulement la demande y stimule la production mais elle-même est parfois poussée avec vigueur au-delà du souhaitable, au point de générer une surproduction relative. Et, comme dans l'agriculture, malgré les lents progrès des rendements, toute hausse de la production exige une extension des emblavures et donc plus de main-d'œuvre agricole, son ajustement à la demande prend du temps car la variable en est la population rurale active elle-même.

Pour notre exposé qui reprend l'histoire économique de notre continent afin d'éclairer la nature de la valeur et de la richesse, il est d'importance ici de bien faire ressortir qu'en ces siècles qui ont précédé la révolution industrielle, le désir de richesse, de jouir paisiblement du revenu de ses biens et le goût de l'innovation, ont animé les Européens de concert et d'une façon équilibrée. Ces deux passions le font agir mais en des proportions qui peuvent différer. Non pas à un tel degré qu'il serait possible d'ignorer le second, comme nous l'avons fait dans l'histoire du monde antique ne l'y voyant jouer aucun rôle visible ni déterminer aucun destin collectif, mais de telle manière que l'évolution de la société en est affectée et suit des chemins divergents, tant pour son aspect matériel que pour la distribution des richesses, les moyens de les acquérir, de les conserver et de les perdre.

Pour cette raison, je crois utile de nous livrer en cet endroit à un exercice théorique et de peindre à grands traits le tableau de ce que serait un système économique où, soit prédomine le penchant de produire et d'innover, soit celui de s'enrichir sans que jamais ne s'éclipse ni l'un, ni l'autre. Considérons pour commencer un pays parvenu à un niveau avancé d'échange marchand où la majorité de ceux qui y participent recherchent l'amélioration des denrées offertes à la vente, que celle-ci consiste en une plus grande facilité des techniques de production, une commodité supérieure dans leur usage ou un moindre coût des transports nécessaires à les porter au marché. Que ce soit l'un ou l'autre ou tous à la fois, l'ensemble de ces progrès aura comme résultat l'abondance relative des marchandises et leur plus grande variété. Pour évidente qu'elle paraît, cette conclusion n'est cependant réellement acquise qu'après un examen dynamique de la situation ainsi créée au lieu d'une vue globale et pour ainsi dire statique. On pourrait en effet inférer de la hausse de la productivité un abaissement du temps de travail de production et de transport des marchandises et, partant : soit la possibilité d'un surcroît d'oisiveté, soit, et ce qui est plus probable, étant supposé que la recherche de la productivité concerne la majorité des producteurs qui profitent tous de ses gains réalisés de manière insensible et diffuse, une hausse des productions suite à la baisse de leur prix de revient afin de satisfaire la demande toujours vive des classes moyennes et modestes d'articles d'usage courant et bon marché.

Mais lorsque nous adoptons un point de vue plus particulier et que nous voulons étudier l'effet d'une avancée productive dans quelque branche de l'industrie, nous remarquons que celui-là va au-delà de la simple hausse paripassu du pouvoir d'achat populaire consécutif aux gains de productivité car, si une marchandise peut être vendue moins cher, il est probable que les quantités écoulées augmentent en proportion de ce rabais. Dans ce cas de figure aucune demande supplémentaire ne sera adressée au reste de l'appareil de production. Néanmoins, la hausse des quantités vendues stimulera la demande de matières premières et sollicitera davantage les moyens de transport, ce qui, à son tour, tire vers le haut les revenus et les salaires dans les secteurs intéressés. En revanche, si toutes les autres branches manufacturières et agricoles rencontrent une demande accrue, les effets seront plus dispersés et de moindre ampleur. Ainsi, ce mouvement d'abord nourri par une disposition originale à l'aménagement des conditions matérielles de notre existence, se voit-il soutenu et renforcé par le fonctionnement même du marché et dont la principale caractéristique est la rémunération plus généreuse du travail, ce qui, indirectement (à cause de la demande), concourt à ces progrès modestes, souvent obscurs mais multiples et continus. Aussi, l'évolution de la productivité finit-elle par courir légèrement après la demande. Il en résulte une certaine prospérité de la population dans son ensemble, dont des cercles de plus en plus larges participent aux échanges et déterminent par leurs goûts et leurs besoins la nature des biens produits. Le pouvoir d'achat des salaires reste donc habituellement un peu au-dessus du niveau qu'autoriserait la simple élévation de la production générale. De même, le régime de l'accumulation et de la conservation de la richesse se ressent de cette évolution ascendante : il n'existe plus de havre sûr et tranquille pour la fortune constituée à celui qui espère vivre indolemment de ses biens. Il faut rester à l'affût des nouveautés, aux aguets d'une concurrence souvent menaçante : les occasions de s'enrichir certes se multiplient mais celle de se ruiner par nonchalance aussi. Toutefois, si l'état des affaires que nous venons d'évoquer ne prévaut que dans un seul pays qui entretient avec ses voisins des relations pacifiques, le commerce extérieur lui ouvre des débouchés considérables pour certaines de ses fabrications. Car au regard d'une qualité donnée (parfois moyenne, il est vrai), leur prix s'avère avantageux par rapport aux productions locales qui souffrent d'un retard technologique et d'un marché intérieur étriqué. Alors s'adjoignent à la vigueur du marché domestique les perspectives lucratives du commerce international. L'essor de celui-ci ajoutera encore aux tensions sur les salaires et, par suite à la demande interne dont la persistance sera de si grande conséquence.

Nous venons d'évoquer ces nations dont la vie économique n'obéit pas dans le même ordre au goût de la production et au désir de richesse. Et l'on devine sans effort que l'inversion de la primauté de ces deux passions donnera naissance à un paysage fort divers. Non que le progrès technique, la variété croissante des manufactures, la nouveauté matérielle en général, en soient absents mais la motivation dominante de ceux qui se livrent à ces activités, ou plutôt prospèrent sur leur terrain, modifie le cours de leur développement. Pour le négociant manufacturier, l'état où ils se trouve, même, et surtout s'il l'enrichit, n'est pas celui dont il peut se satisfaire, ni pour lui-même, encore moins pour ses descendants. La fortune à laquelle vont ses aspirations n'est pas celle qu'il faut hasarder sans cesse dans de nouvelles opérations mais qui lui permet de vivre largement, noblement, dans l'oisiveté qu'il estime indissociable de la véritable richesse. À cette existence ne conviennent que des terres où les fonctions honorifiques au service du souverain qui tire ses revenus en majeure partie des classes sociales auquel il appartient mais qu'il veut quitter. Et cette ambition non seulement détermine sa manière de mener ses affaires mais encore façonne au fil des siècles l'environnement même où il opère. Lorsqu'il repère l'innovation et l'occasion d'un négoce fructueux, c'est afin d'en tirer un bénéfice maximal avec un minimum de risques. Il aime à s'entourer de secret et de précaution, répugne à immobiliser des capitaux dans des entreprises de production et, s'il le fait, dans le but d'introduire sur le territoire quelque manufacture nouvelle, c'est souvent à l'abri du monopole censé lui assurer des profits garantis. Comme ses affaires doivent lui permettre de s'élever vers les hautes sphères, il se tourne tout naturellement vers leurs membres qui possèdent les terres, titres et offices qu'il convoite ; ses articles sont de luxe, de grande qualité, et n'intéressent qu'un public restreint et fortuné. L'étroitesse du marché que travaille le marchand est à l'aune de l'échelle sociale dont il veut gravir les échelons. Partout prévaut le souci du revenu assuré par le règlement, le privilège, la rente, la coutume et l'entente entre initiés. Mais par-dessus tout trône la propriété foncière qui offre la meilleure des sûretés et dont la possession ouvre à terme l'accès à la noblesse. Le mouvement plus lent et, pour ainsi dire, plus « vertical » de ces économies, contraste singulièrement avec le tableau précédent : les occasions rentables y sont moins nombreuses mais le sillon, une fois découvert, peut durer longtemps dans la discrétion. L'innovation y porte surtout sur des articles de luxe et d'agrément destinés aux minces couches des classes possédantes qui concentrent entre leurs mains la plus grande partie des richesses qu'elles dépensent dans une consommation somptuaire.

L'évolution naturelle de ces sociétés n'est pas non plus aussi heureuse car les vertus qu'y déploie le négociant sont contraires aux qualités qui conviennent à l'état qu'il veut atteindre. L'ostentation, l'opulence, la dépense irréfléchie des puissants l'enrichit, lui qui compte chaque sou, accumule patiemment, parfois subitement, à la faveur d'une spéculation heureuse. Mais qu'advient-il après que l'imprévoyance et le gaspillage de l'ancienne aristocratie l'ont rendu maître de leur domaine et élevé ses fils au plus hautes dignités ? S'ils sont à leur tour saisis par le goût des plaisirs, des somptuosités et des extravagances, seront-ils pour autant aussi gagnés par la négligence et l'abandon, annonciateurs de leur déclin et chute ? Et si cela n'est pas et qu'ils demeurent âpres au gain et prompts en affaires, la vertu d'autrefois qui en son temps prodiguait mobilité autant que stabilité à la société et à l'État, ne ferait-elle pas alors son malheur ? Car, pour préserver son équilibre, cette forme de société a besoin du renouvellement lent mais continu de ses strates supérieures, ce qui ne peut se faire sans leur dépense immodérée et ruineuse qui est paradoxalement le gage de sa pérennité. En revanche, si les puissants s'avisent d'ajuster leurs revenus à leurs dépenses et que la croissance de la production agricole ne suffit pas à permettre l'extension des manufactures – en d'autres termes si les moyens de ces dépenses sont extorqués par le biais d'une hausse des prix alimentaires et donc de la rente du sol – les fortunes alors se figent et la société se raidit. Ceux qui se voient frustrés des honneurs et des places auxquels leurs prédécesseurs ont accédé sauront apprendre à les mépriser et mêler leur haine à la colère du peuple qui souffre... Tout alors devient politique...

La simple inversion du rapport de grandeur entre les deux passions que nous voyons animer l'homme « économique » pousse les sociétés correspondantes vers des crises opposées en nature : la première connaîtra l'emballement suite à la sollicitation excessive de ses capacités productives, la deuxième, le blocage par l'épuisement de sa mobilité sociale.

X

LA NATURE DU CAPITALISME INDUSTRIEL

L'exercice auquel je me suis livré dans le précédent chapitre n'a pas qu'un intérêt purement théorique ; ces deux tableaux se rapportent à des réalités historiques et on peut y reconnaître sans peine le cours qu'a suivi au XVIIe et XVIIIe siècle l'histoire des nations anglaise et française. La dernière a abouti à la révolution qui fut, pour son aspect économique, une redistribution brutale et violente des richesses et s'apparente par ce biais davantage à ce dont le monde antique nous fournit des exemples, à cette exception toutefois que la redistribution n'est pas ici l'enjeu d'une lutte permanente et destructrice mais le point de départ d'un nouvel essor. Car malgré leurs dissemblances, les deux modèles de développement sont mus par les mêmes principes dont l'action respective ne varie que par degrés ; on y retrouve dans l'un comme dans l'autre cette propension à produire plus et mieux qui, dans le cas français, s'exprime dans la manufacture de luxe dont les articles, prisés dans l'Europe tout entière, animent un artisanat important et qui, en Angleterre, affecte surtout les productions plus courantes, alimentant ainsi une consommation plus large. Cependant, ni dans l'un, ni dans l'autre pays, ne cherche-t-on dans la production ou la productivité même la source du profit : c'est encore toujours le marchand qui tire de la collecte des marchandises et de leur expédition sur des marchés éloignés l'essentiel de ses gains. Ceux-ci proviennent donc de la dissociation des zones de production et de consommation, du décalage plus ou moins temporaire mais constamment recréé et entretenu par des fabrications nouvelles et des progrès dans la production des anciennes, y compris agricoles, que le négociant exploite à son avantage. Il tire parti à vrai dire de ce qu'il tend à dissoudre par son action même : un certain cloisonnement géographique, une viscosité des échanges toujours en retard sur le progrès matériel dont la diffusion ailleurs constitue la raison du profit marchand. Par ricochet, ce système nous aide à comprendre comment une consommation plus large, intéressant l'ensemble des couches de la population et qui intègre et rapproche plus intimement ceux qui produisent et ceux qui consomment, peut mettre à mal cette façon de procéder. C'est bien sur un tel état de choses que nous avons vu déboucher au dernier chapitre la recherche prépondérante de la productivité lorsque les fruits de cette recherche restent acquis aux producteurs. Les échanges alors s'étoffent et tous y prennent part, même les salaires ont-ils tendance à s'élever au-dessus de ce qu'autoriserait la production. Et comment pourrait-il en être autrement lorsque le marchand finit par proposer ses articles à ceux auxquels il fournit la matière première pour les fabriquer? L'image est ici certes forcée dans ses traits mais elle a, il me semble, le mérite de bien résumer une situation vers laquelle l'économie anglaise dérivait certainement vers le milieu du XVIIIe siècle et qui commence à peser sur le profit du commerce. La concomitance d'une demande intérieure robuste et durable, soutenue par les flambées irrégulières des exportations et d'une pénurie de main-d'œuvre, principalement dans les branches textiles, finissait par avoir raison de la traditionnelle réticence à investir dans des installations productives fixes...

Ce n'est pas ici le lieu ni le but de notre enquête de nous pencher sur les conditions techniques, l'état des connaissances mécaniques et leur diffusion dans la population anglaise et écossaise qui ont rendu possible la révolution industrielle. Le fait qu'elle a eu lieu prouve à elle seule que ces conditions étaient remplies. Mais notre affaire est plutôt de bien saisir et définir ce qui signifie du point de vue de la valeur marchande le fait d'avoir recours à des machines et donc à la recherche cumulative et systématique de la productivité aux fins de la poursuite du profit. Car c'est en cela que consiste le capitalisme industriel, qui ne se confond pas avec la mécanisation en elle-même mais qui trouve en celle-ci un moyen nouveau d'accumuler du capital. Par conséquent, nous poserons la question suivante : ce moyen est-il adéquat à la fin que se propose le capitaliste? Question pertinente si on se souvient, au début de cet exposé, de l'analyse que nous avons conduite de la valeur et de la richesse. On y avait conclu que la valeur d'une chose résidait dans notre désir d'en disposer sans avoir à la produire, qu'ainsi la valeur ne saurait être produite et qu'elle ne se manifeste que dans l'échange, soit dans la plus ou moins grande capacité d'une chose en notre possession d'acheter autre chose à sa place. Il en découle aussi que la richesse ne s'acquiert que par l'échange et par le prix qu'atteignent les marchandises proposées et donc que, dans chaque transaction, il y a, au regard de cette course à la richesse, un perdant et un gagnant. Un nouvel article arrivant sur le marché et qui suscite l'engouement du public se trouvera dans un rapport de prix favorable à celui qui le vend et qui alors s'enrichit aux dépens de ceux qui l'achètent en se séparant de quelque autre bien. Jusqu'à la révolution industrielle, la vie économique des sociétés européennes a toujours fonctionné de la sorte, à savoir par l'accroissement continu des objets propres à éveiller le désir de les posséder, et ayant donc une valeur en eux-mêmes par laquelle ils agrandissent la panoplie entière de la richesse. L'élargissement de la base productive nécessaire au soutien de cette complication matérielle croissante la suivit plus qu'elle ne la précéda, soit par l'augmentation de la population productive, soit par la hausse obscure et lente de la productivité. Au XIXe siècle, le capitalisme industriel met fin à cet équilibre: en cherchant de manière systématique à produire à moindre prix les choses, il diminue la valeur et par là leur capacité à acquérir la richesse. Or, dans la mesure où il veut lui-même y accéder par ce procédé, l'activité du capitaliste s'oppose à elle-même: c'est en détruisant la richesse qu'il espère s'enrichir. C'est donc qu'il ne saurait y réussir que par la ruine de ses concurrents, dans cette spoliation générale à laquelle il sait survivre grâce à ses moindres coûts de revient. Son entreprise consiste à diminuer la richesse mais à en garder une plus grande part pour lui. Et en cela elle renferme certainement une contradiction qui apparaît immédiatement lorsque nous prêtons en pensée le même comportement à tous ceux qui produisent et échangent sur le marché : nous assisterions alors à une baisse continue des prix sans que celle-ci ne permette ni aux uns, ni aux autres, de parvenir à la richesse. Or, si l'ambition de ceux qui œuvrent dans ce sens est d'y accéder, il faut tenir pour vrai que le capitalisme industriel, considéré comme un système global et universel de production et d'échange, est incompatible à cette fin. Autrement dit : il ne peut y servir qu'en opérant dans un univers qui n'obéit pas encore entièrement à la dynamique qui lui est propre. Dans de telles conditions seulement peut-il se déployer et réussir, qui sont d'ailleurs les circonstances historiques de son apparition dans l'industrie textile anglaise de la fin du XVIIIe siècle. La baisse du prix du filé, et plus tard du tissé, balaye en l'espace d'un demi-siècle la majeure partie des artisans du coton et de la laine pour les réduire à la misère morale et matérielle de la condition ouvrière de l'époque mais, d'autre part, cette même chute met ces articles à la portée de couches toujours plus larges de la population dont l'aisance s'accroît ainsi relativement. Pour cette raison, je n'ai jamais accordé crédit à la théorie marxiste qui veut trouver dans le dépouillement du travailleur de la plus claire partie de la valeur de son travail la source du profit capitaliste. Comme si celui-ci lui volait une chose qui devrait de droit lui appartenir. Mais un voleur ne vole pas les uns pour donner aux autres ; le capitaliste n'est pas un accapareur : c'est en dépréciant ce qu'il produit qu'il draine vers lui une partie de la richesse qu'il ne produit pas, à la manière dont l'eau remplit un puits qu'on creuse dans un terrain humide. Il convient en effet de distinguer avec soin les deux aspects contradictoires du capitalisme industriel : le premier est, en vérité, une destruction de la richesse de ce qu'il produit par la création de l'abondance ; le deuxième, l'accumulation de richesse qui résulte de l'action capitaliste au sein d'une économie qu'elle n'a pas encore complètement pénétrée. Aussi, cette contradiction sera-t-elle d'abord latente et passera inaperçue sous des progrès foudroyants ; la croissance soutenue du volume des fabrications, entretenue par la baisse ininterrompue de leurs coûts, l'effet d'entraînement dans d'autres branches de l'industrie, les «goulots d'étranglement» qui propagent l'innovation technique dans de nouvelles directions : la métallurgie, les transports, l'industrie chimique, etc. Nous n'entrerons pas ici dans le détail de l'histoire de la révolution industrielle, elle est assez connue et le lecteur, pour mieux s'en informer, pourra se reporter à des ouvrages excellents. Car, pour notre propos, compte seul le résultat de cette évolution qui est de porter les contradictions inhérentes au système au grand jour dès que l'ensemble des métiers traditionnels sera remplacé par la grande usine et le mode de production capitaliste. Ce sera sur un marché désormais animé partout de la même fièvre que la production devra trouver preneur. Le marxisme orthodoxe voit dans ce stade la crise finale du capitalisme, par l'arrêt de l'accumulation et la prolétarisation de la classe ouvrière qui ne peut servir de débouché suffisant aux produits de l'industrie : voilà la conclusion logique d'une théorie qui assimile le profit de l'entrepreneur à un prélèvement sur ce qui devrait revenir aux salariés. Or, ce prélèvement ou plus-value n'est qu'une véritable mystification qui occulte la réalité de la production capitaliste qui est de produire à moindre coût par le moyen d'investissements qui augmentent la productivité par salarié employé. Il en résulte que, si cette production doit se vendre sur un marché composé de l'ensemble de ces salariés, elle doit y être offerte à un prix autorisant son écoulement intégral, si bien que le gain réalisé sur les frais de production par l'emploi de plus de machines et moins d'ouvriers sera annulé par la baisse du prix de vente nécessaire à la liquidation de la marchandise fabriquée. Un jeu à somme nulle à première vue mais où c'est cependant le capitaliste qui investit qui perd : les machines représentent un capital qui, lorsque leur usage ne porte pas le bénéfice escompté, est dépensé à fonds perdus. Reprenant la métaphore précédente, on peut imaginer le même terrain mais maintenant truffé de puits de partout où le capitaliste ne recueille plus que sa propre sueur.

C'est donc bien à une destruction de valeur qu'on assiste et non à l'épuisement des échanges par le transfert de toute la richesse vers ceux qui détiennent les moyens de production, tel que le croient les marxistes. Le capitalisme industriel livré à lui-même et, pour ainsi dire, tournant sur lui-même, révèle enfin sa nature qui est de réduire la valeur de ce qu'il produit : c'est la déflation, soit la dépréciation de tout ce qui peut être produit en nombre au regard de ce qui ne peut pas l'être.

Toutefois, cet état vers lequel son évolution spontanée mène le capitalisme n'est pour autant ni équilibré, ni stable. Il oscille entre deux extrêmes.

Le premier est celui où tous les agents économiques investissent et veulent accroître leur productivité. La conséquence en est une surproduction par rapport aux capacités du marché, suivi d'un recul des prix jusqu'à ce qu'un nouvel équilibre soit atteint. Dans cette conjoncture, l'investissement n'est pas rentable, voire il est a perte.

Le deuxième, qui succède naturellement au premier, ne voit aucun agent économique investir : en pareil cas et pour des raisons inverses, quelque investissement productif sera toujours profitable, ce qui conduit alors à la généralisation de ces initiatives et à un nouvel emballement qui recrée les conditions antérieures et relance le pendule vers sa position initiale…

XI

L'IMPASSE HISTORIQUE DU CAPITALISME INDUSTRIEL

Nous venons de définir le capitalisme dans son principe et d'en déduire les effets sur une société marchande dans laquelle il agit de façon universelle et exclusive. Or, ce tableau diffère si considérablement, non seulement de son évolution historique mais aussi à première vue de son apparente prospérité actuelle, que le lecteur pourrait y trouver prétexte à écarter d'un revers de main notre analyse et juger qu'après tant de morts annoncés le cadavre du capitalisme est encore étonnamment vivant, qu'il renaît sans cesse de ses cendres comme s'il s'en nourrissait, et trouve toujours d'aliments nouveaux à sa survie. Telle est d'ailleurs la vulgate officielle qui assimile tacitement capitalisme et innovation technique, et voit dans les progrès de l'une la promesse de la pérennité de l'autre. Toutefois, il faut aussi avouer que, depuis ses débuts jusqu'à nos jours, soit pendant deux siècles, le capitalisme industriel, malgré sa contradiction interne, a fait preuve d'une grande vitalité et qu'il a triomphé de ses adversaires idéologiques. Aussi, pour être entendu et espérer convaincre sur le principe, il sera bon de considérer ici les circonstances particulières qui ont permis cette longévité et empêché cette contradiction de se manifester et de produire pleinement ses effets.

Tout d'abord, l'intrusion des procédés de fabrication mécanique dans les métiers traditionnels dans la première moitié du XIXe siècle avait considérablement abaissé le prix de revient et, par la concurrence, aussi le prix de vente de ces productions. Cela fut déjà brièvement signalé au chapitre précédent. Ici, mon attention se portera plutôt sur l'accroissement formidable de la production et de la demande qui en résulte, et les transformations sociales qui en seront la conséquence. La baisse des prix nourrit la demande ; or celle-ci ne peut être satisfaite que par l'invention d'un nouveau mode de production : la grande usine. La mise en place de ces installations et machines réclame des capitaux considérables mais surtout des compétences nouvelles de ceux qui les construisent, conduisent et entretiennent. Toute une infrastructure matérielle et humaine est indispensable à la mise en œuvre d'une production de masse. Ainsi l'on voit, d'un côté, l'artisanat décliner et ses membres réduits à la condition ouvrière, de l'autre, l'émergence d'une strate supérieure de personnels salariés composés d'ingénieurs, de mécaniciens, de contremaîtres, mais aussi d'employés de bureau, d'enseignants, de fonctionnaires, indispensables au bon fonctionnement de cette gigantesque machine à produire, à acheminer et distribuer des biens en quantité. Le besoin pressant de capitaux développe les activités bancaires visant à drainer vers l'industrie l'épargne, souvent thésaurisée et improductive, des petits propriétaires. La rentabilité généralement assurée de ces placements à ce stade du capitalisme industriel débutant donne naissance à un nouveau type social : le petit rentier dont les cohortes rejoignent ceux déjà cités pour former une classe sociale inédite – la petite bourgeoisie – qui se distingue de la grande en ce qu'elle dispose non pas de capitaux procurant des profits mais de revenus provenant eux-mêmes de ces profits sur lesquels ils constituent une ponction ; ou encore une sorte d'excroissance sur le flanc de l'accumulation capitaliste, si on m'autorise à la comparer à une espèce de montagne. Or voilà que cette « excroissance » sera appelée à se développer et précipiter cette accumulation même dans de nouvelles directions. En voici les principales raisons : de par sa position moyenne dans la société, le petit bourgeois cherche à se démarquer des classes ouvrières et à se rapprocher des élites, ambition à laquelle cependant sont revenu ou salaire ne suffit guère. Cette soif de distinction est souvent l'occasion de comportements ridicules dont les auteurs de l'époque nous ont conservé des échantillons savoureux. Du point de vue économique toutefois, elle engendre une nouvelle demande de produits de luxe, en quelque sorte de qualité seconde, que l'industrie peut fabriquer à moindre coût pour des bourses mieux garnies que celle de l'ouvrier ou du simple artisan. La mécanisation gagne ainsi d'autres secteurs comme ceux de la décoration, des matériaux de construction, de l'ameublement et surtout de l'habillement avec l'invention du vêtement de confection; évolution qui se concrétise avec l'apparition vers la fin du XIXe siècle des premiers «grands magasins». Luxe de pacotille que les classes fortunées regardent avec mépris mais qui ne cessera de se répandre avec la montée des couches sociales qui y trouvent leur compte. Car, en effet, la production de ces nouvelles marchandises, de même que les nouveaux canaux de distribution et de publicité, s'adressant à une clientèle plus large et moins confidentielle, augmente leur nombre et lance une puissante dynamique économique et sociale qui animera, vers la fin du XIXe siècle, tout notre XXe siècle jusqu'à ces dernières décennies. À cela il faut ajouter cette invention particulière rendue possible par le progrès technique appliqué aux tâches ménagères qui est l'appareil de confort, c'est-à-dire une machine qui accomplit complètement ou partiellement des opérations qui relèvent du service domestique; invention sans intérêt aucun pour les maisons riches pourvues d'une intendance suffisante mais qui enchante le petit bourgeois qui ne peut s'offrir le luxe d'un personnel nombreux. Il est vrai que certaines de ces innovations présentent à nos yeux un avantage en elles-mêmes, tel le chauffage central, l'eau courante ou l'éclairage électrique. Toutefois, jusque dans ces cas précis, leur intérêt consiste encore – en partie du moins – dans le soulagement de travaux pénibles que permet leur emploi, comme le remplissage et le nettoyage de cheminées qui nous procurent pourtant le plaisir de la chaleur vive d'un feu de bois, voire l'éclairage électrique qui nous semble à nous indispensable: quel attrait pouvait-il exercer sur ceux qui disposent librement de leur temps, à qui la lumière du jour suffit à régler leurs affaires, un chandelier ou une lampe à prolonger les veillées puis gagner leur chambre et trouver le sommeil?

J'ai choisi ces exemples à vrai dire bien extrêmes afin de pouvoir me dispenser de traiter de tous les autres et montrer que l'objet de confort ne revêt d'abord de l'intérêt que pour les personnes de condition moyenne et que la valeur qui s'y attache y est relative ; relative donc à une vie remplie d'activité contrainte, d'une certaine occupation au sens péjoratif du terme. Aussi, ces objets n'appartiennent pas à la véritable richesse. Toutefois, pour autant que leur invention et leur commercialisation soit l'occasion d'en acquérir, leur prolifération et la multiplication des industries qui les produisent ne seront pas encore contraire à l'ambition de tout entrepreneur de s'enrichir. Mieux : elles permettront d'éviter l'écueil de la déflation ou la première révolution industrielle risquait de se briser dans le dernier quart du XIXe siècle. L'expansion des industries textiles, métallurgiques, chimiques, des nouveaux moyens de transport et de communication, fut la conséquence de la baisse considérable et continue du prix de ces denrées et services qui les mirent à la portée de segments de plus en plus larges de la population. À la baisse des prix répondait une hausse de la demande (émanant principalement de la société non encore industrialisée) mais comme pareille conjoncture ne pouvait durer indéfiniment, la stagnation s'installe vers les premières années 70. Avec elle, une guerre des prix plus féroce, une chute de l'investissement productif, bref, tous les ingrédients de la crise décrite dans le précédent chapitre. La floraison de nouvelles industries sur le terrain des découvertes dans le domaine de l'électricité, la chimie organique, le moteur à explosion, etc., parviendra à tirer l'économie de ce marasme vers une expansion renouvelée dans laquelle l'antagonisme des classes aussi finira par trouver une issue heureuse. Car la croissance de ces nouvelles branches exerce une pression haussière sur les salaires qui frappe surtout les secteurs anciens et n'est que partiellement compensée par la demande accrue de produits de base, si bien que la réduction des coûts et la concentration en vue d'une meilleure productivité y restent à l'ordre du jour. Mais les jeunes industries embauchent et leur rentabilité excellente les conduit à offrir des rémunérations plus intéressantes. Ce mouvement se répand lentement dans toute la société jusqu'à renchérir le prix des domestiques et ainsi obliger les anciennes fortunes à se convertir à la modernité, ou encore, dans un tout autre registre, à donner le coup de grâce à la marine à voile qui, après avoir résisté vaillamment à la vapeur pendant trois quarts de siècle, va succomber sous les charges devenues insupportables des équipages nombreux indispensables à la manœuvre d'un grand voilier. Un cercle vertueux s'enclenche ainsi, par lequel l'expansion des nouvelles industries agrandit à son tour le nombre de ceux à qui leurs fabrications sont destinées en premier lieu. L'accroissement du pouvoir d'achat des classes modestes et moyennes agit comme une espèce de ponction sur les capitaux auparavant accumulés, un genre de remise en jeu spontanée qui donne une nouvelle vigueur, une deuxième jeunesse au capitalisme. Cependant, cette transformation n'ira pas sans à-coups ni accidents de parcours. Si la crise de la fin du XIXe siècle a pu être surmontée par les seules forces du marché, c'est grâce aux pans importants des activités et métiers encore vierges de l'incursion de l'esprit de productivité. Or, peu à peu, les ressorts de ce qu'il est convenu d'appeler la deuxième révolution industrielle se mettent-ils à faiblir que le spectre de la déflation resurgit dans la crise des années 30. De puissantes mesures de soutien à la demande par l'intervention de l'État ont été alors nécessaires afin de préserver les capacités productives et permettre au capitalisme de trouver et d'ouvrir de nouvelles voies à sa croissance. La réussite de ce pari est à l'origine de la société de consommation dans laquelle aujourd'hui nous vivons. L'activité économique y dépend de la dépense du plus grand nombre et elle est le résultat de l'insertion de tous et de tous les aspects de la vie humaine dans le système marchand. D'où la propulsion sur le devant de la scène des classes populaires dont les goûts et les attitudes mentales finissent, par la force numérique et le poids économique qu'elles représentent désormais, de prévaloir et donner le ton dans la société tout entière…

En fin de compte, au cours du dernier siècle, le mode de production capitaliste a investi le moindre recoin de la vie des hommes, telle une marée montante qui envahit la vallée et efface lentement tous les accidents du paysage pour ne laisser que la surface monotone et lisse où ne circule plus que la marchandise. Je n'écris pas pour fustiger ici cette mercantilisation à outrance, bien que l'homme de réflexion que je suis la déplore certainement, mais bien plutôt pour tirer la conclusion de cette situation qui s'est progressivement établie depuis la fin des années 60 : que faute de nouveaux domaines à conquérir et de nouveaux objets de confort à créer (sauf ceux qui en remplacent d'autres), le capitalisme se retourne sur lui-même et, d'une certaine manière, s'autodévore dans une course sans relâche à la productivité, dans une concurrence de plus en plus âpre, une agitation inutile qui, non seulement détruit la valeur de ce qui est produit, mais encore, dans cette ambiance générale de compétition exacerbée, ne permet plus d'acquérir la richesse véritable. C'est encore dans cette course forcée au maintien ou à la restauration des marges bénéficiaires qu'il faut situer la délocalisation de pans entiers des industries occidentales vers les pays à faibles salaires. D'aucuns voient dans l'essor de ces régions les prémices favorables de la même évolution qu'ont connue l'Europe et les États-Unis au XIXe et XXe siècle. Cela me semble néanmoins illusoire car il faut considérer que nous avons affaire, dans notre cas, à un simple transfert de production et, en conséquence, de pouvoir d'achat d'un pays à un autre qui, même lorsqu'il suscite par son ampleur l'émergence d'une mince couche de population aisée dans ces pays, n'y jette pas les fondements d'une croissance autonome. Pour cela il est besoin d'une prospérité beaucoup plus largement répandue. Et quand bien même des industries visant ce marché local y verraient le jour, qu'elles n'auraient pour effet que d'évincer les articles de luxe et d'équipement que les entreprises occidentales ont coutume d'y vendre, avant de venir les inquiéter sur leur marché domestique même. Partant, rien de tout ceci ne viendra infléchir la conjoncture délétère dans laquelle les économies européennes et américaines se débattent depuis deux décennies. Mais puisqu'une nouvelle fois ce tableau paraît si éloigné de la réalité apparente qui est celle des marchés boursiers, nous devons à nouveau expliquer les raisons de cet écart. La recherche effrénée de la productivité aurait dû normalement entraîner la chute des prix et la baisse de la demande par la hausse du chômage et la stagnation voire la baisse des salaires. Or, si rien de tel ne s'est produit jusqu'à maintenant, il y a à cela des raisons qui tiennent à la fois des politiques sociales alimentées par le déficit public, l'endettement des particuliers encouragé et pérennisé par la chute progressive des taux d'intérêt, enfin du déséquilibre persistant des échanges entre les États-Unis d'Amérique et le reste du monde qui autorise les habitants de ce pays à vivre largement au-dessus des moyens générés par leur économie nationale. L'ensemble de ces expédients a créé un pouvoir d'achat fictif si parfaitement disséminé et dissimulé dans le fonctionnement global des économies qu'il est devenu indiscernable, à telle enseigne que le père de famille le plus rigoureux et le plus prudent ne saurait s'assurer de ne pas compter sur des avoirs ou des revenus qui ne soient aléatoires. Nous vivons en effet dans le monde de la spéculation planétaire et la preuve la plus simple comme la plus irréfutable en est le prodigieux envol qu'ont connu ces vingt dernières années les activités et les profits bancaires. Qui parle de déficit, de crédit, de déséquilibres comptables internationaux, parle aussi de finance et donc de la fragile mais gigantesque machinerie nécessaire à recycler sans tarder ces énormes masses monétaires croissantes, à sauvegarder la solvabilité des uns et le profit des autres, tout en ne négligeant pas le sien au passage. Cet exercice d'abord lucratif et facile se referme comme un piège sur ceux qui s'y livrent trop longtemps et la complicité de tous n'y change rien. L'histoire de la spéculation, fût-elle mondiale, est invariablement la même et sa fin toujours aussi lamentable. C'est pourquoi, envers et contre tous, j'ai constamment considéré ces dernières années comme un simple intermède, une mascarade macabre derrière laquelle se prépare un effondrement dont je crains moi-même sincèrement l'ampleur. Ceux qui, jeunes encore, n'ont vécu que cette période, se meuvent avec une naïve assurance sur ce sol fragile sous lequel gronde la puissance d'un volcan. Ils n'ont connu que celui-là, ne doutent guère qu'il puisse un jour se dérober sous leurs pieds. Et pourtant, il y a des signes annonciateurs de la catastrophe prochaine : les ficelles qui ont fonctionné jusqu'à présent ne font plus d'effet, les déficits publics empêchent les états d'agir utilement, l'endettement des ménages atteint des limites, la baisse des taux d'intérêt ne peut se poursuivre au vu du niveau très bas où ils se situent et dont ils ne sauraient s'écarter sensiblement sans ébranler la stabilité financière internationale. Tout ainsi est en place pour la grande déflation et la revanche de l'économie réelle sur le château de cartes qu'ont bâti les analystes financiers.

Je devais ici ce commentaire de l'actualité économique à ceux qui ne manqueraient d'opposer la prospérité présente des affaires à la sombre perspective que nous fait entrevoir notre analyse. Mais il me semble inutile de m'y attarder plus longtemps dans l'espoir de convaincre ceux qui ne croient que ce qu'ils voient, pour qui la vision tient lieu de raisonnement et qui verront dans l'écran de fumée de la finance mondialisée la seule réalité... jusqu'au jour même qu'il s'envolera. Et je crains d'autant moins de les perdre ici comme mes lecteurs critiques que je doute qu'ils m'aient suivi jusqu'à maintenant et donc à la conclusion que je propose aux autres : aujourd'hui, dans nos pays, le capitalisme industriel est arrivé au stade ultime de son développement où il devient inopérant comme mode d'acquisition de la richesse ; non pas par l'accumulation finale de celle-ci en seulement quelques mains, mais par sa destruction systématique et généralisée dans la quête de la productivité.

Une agitation aveugle et stérile s'impose impérieusement et envahit toute la société, un harassement permanent, la recherche fiévreuse d'une illusoire performance, jusque dans la simple vie privée qui se trouve envahie par un outillage complexe mais ô combien futile pour celui qui, véritablement riche, pourrait jouir tranquillement de ses biens. Nous devons aussi parler de cette altération de la richesse et poser à son sujet plusieurs questions : d'abord, faut-il la déplorer ? En d'autres termes, la richesse est-elle nécessaire et pour quelles raisons ? Ensuite, si elle est souhaitable, par quels moyens serait-il possible de la rétablir ?

XII

DE LA FIN DU CAPITALISME INDUSTRIEL ET DU RAPPORT ENTRE LA RICHESSE ET LA LIBERTÉ POLITIQUE

En ramenant toutes les activités humaines sous le signe de la productivité, le capitalisme industriel à achevé d'enlever à celle-ci toute efficacité dans la poursuite de la richesse. Telle fut la conclusion de notre réflexion. Pour autant, cette recherche ne pourra être abandonnée mais elle s'impose dorénavant comme une nécessité tyrannique et inéluctable, espèce de maladie sociale dont le principal symptôme est la déflation que nous avons définie comme la baisse du prix des marchandises relevant d'une production industrielle par rapport à celui des autres. Par conséquent, cette déflation ne s'exprime pas nécessairement dans une baisse des prix en monnaie courante. Car d'abord le pouvoir d'achat fictif injecté par les échafaudages financiers mondiaux a créé une demande non générée par l'économie productive. La monnaie aussi est sans doute, de toutes les marchandises, la plus facile à fabriquer depuis que son lien avec l'or, dont la quantité est limitée, a été rompu. Or, il faut ici distinguer entre les moyens de paiements inventés par le crédit que les particuliers accordent entre eux et ceux fournis par l'institut d'émission monétaire qui est en mesure de consentir s'il le faut des avances illimitées. Dans le premier cas, le moyen de paiement est conditionné à la capacité de remboursement de l'emprunteur, soit l'évolution de son revenu, soit aux possibilités de rééchelonnement de sa dette ou de refinancement de celle-ci à moindre coût par une baisse des taux d'intérêt. C'est l'évolution jusqu'ici favorable de ces deux facteurs qui a permis la persistance, voire l'extension, de ces moyens qui soutiennent ainsi la demande et, par le biais de la production, aussi le revenu des emprunteurs.

La pérennité d'une croissance économique fondée sur le crédit à la consommation étant par essence illusoire, il serait prudent que l'institut d'émission monétaire se substitue progressivement aux prêteurs particuliers (les banques) afin de soulager la charge pesant sur les emprunteurs et d'empêcher que le fléchissement de la demande et de la production ne fasse chuter les revenus et n'entraîne l'économie dans une spirale descendante aboutissant à l'insolvabilité généralisée.

Il y a toutefois de très solides raisons pour que de telles initiatives ne soient jamais prises en temps utile. Car, dans une situation qui paraît encore stable, personne n'est prête à sacrifier profits, capitaux et revenus dont il croit disposer en sûreté sur l'autel de l'inflation qu'une politique de relâchement monétaire serait accusée d'attiser. Les taux d'intérêt à long terme se ressentiraient d'une telle anticipation et les banques centrales obtiendraient le résultat contraire de celui recherché, sauf à poursuivre avec vigueur et détermination dans la même voie et noyer la hausse des taux longs dans l'abondance de liquidités à court terme. De cette manière, on sortirait d'une situation périlleuse par le haut, c'est-à-dire par le maintien de l'activité économique au prix d'une inflation élevée et d'une dévalorisation des créances à long terme dont les autorités monétaires seraient alors tenues pour responsables. Or, comme celles-ci sont rarement tentées par le suicide politique et professionnel, de tels remèdes, bien que parfois des plus conformes à l'intérêt général, ont peu de chances de se voir appliqués mais, plutôt, on y aura recours quand l'occasion sera passée, que la déflation s'installe et que l'argent bon marché ne trouve plus d'emprunteurs capables de soutenir la demande et de nourrir l'inflation, seule capable d'alléger la montagne de dettes qui tire l'économie vers le fond.

Dans ces circonstances, il en va des nations et des Etats comme d'une maison qui se lézarde dangereusement mais qu'on se garde bien d'étayer de peur d'inquiéter ses habitants. Ces mesures, qui seraient salutaires bien que désagréables lorsque personne n'en veut et que tous les craignent, deviennent impossibles et dérisoires quand les murs s'effondrent et que plus rien ne peut arrêter leur chute.

De ces considérations nous pouvons conclure avec quelque vraisemblance que la déflation annoncée sera aussi monétaire et que, de ce fait, la destruction de la richesse sera manifeste et spectaculaire au lieu d'être rampante et plutôt relative aux cas où une inflation importante en viendrait masquer les effets. L'impuissance du capitalisme industriel et de la libre entreprise à dégager un profit durable éclatera au grand jour, de même que la course à la productivité et l'innovation se révéleront des servitudes au lieu d'une voie royale vers la richesse. Néanmoins, nous pouvons tenir pour certain que cette nouvelle conjoncture n'émoussera point le désir de s'élever dans la société, d'y parvenir à l'opulence et de la conserver par des moyens appropriés ; le désir de richesse a précédé le capitalisme, il lui survivra sans aucun doute avec les moyens d'un autre âge mais dans une société, dans un environnement matériel, que deux siècles de technicité conquérante ont profondément modifié. D'où un curieux mélange de modernité et d'archaïsme qui sera, de mon avis, le trait le plus marquant des temps à venir. Le progrès technique pour ainsi dire « sauvage » devenant ruineux, il s'agira pour ceux qui produisent et vendent de le contrôler à leur avantage, en d'autres termes, de se donner la faculté de l'arrêter, ce qui passera par une mainmise monopolistique sur des branches entières de la production. Cette mainmise n'ira pas sans bataille concurrentielle de grande envergure dont sortiront seulement quelques victorieux qui, pour consolider leurs positions, n'hésiteront pas à s'allier avec le pouvoir de l'État. De nouveau, s'installeront les rapports de forces politiques nécessaires à la conservation de la richesse, si contraires à l'esprit du libéralisme économique, voire au libéralisme politique lui-même. Car la collusion politico-économique ne pourra avoir lieu sans une profonde transformation de la société. La fixité croissante des conditions sociales devra aller de pair avec une idéologie politique autoritaire dont le but et l'utilité seront de faire en sorte que chacun se satisfasse de la sienne. Quiconque croirait utopique et improbable cette vision prend mal la mesure des moyens sournois, subtils et insidieux déjà mis en œuvre aujourd'hui pour façonner les opinions du plus grand nombre, dont le plus efficace est celui de flatter la vanité des ignorants en faisant semblant d'écouter leurs avis. Le droit à l'opinion s'est avéré le chemin le plus sûr et le plus commode vers l'asservissement des peuples. En proclamant haut et fort et solennellement ce droit mais en les mettant toutes sur le même pied, il noie les opinions les plus averties dans le flot des autres qui n'ont pour règle que le préjugé, l'habitude et l'amour-propre. Et on ne croira pas davantage que la perception que tout un chacun a de son intérêt empêchera l'embrigadement de la société ; l'intérêt, le plus souvent n'est qu'habitude, l'intérêt lésé qu'une entorse à cette même habitude alors que les ambitieux, plutôt que de la combattre, trouveront toujours dans la pyramide politico-économique quelque moyen de s'élever dans la nouvelle société. Et s'il lui fallait un ciment plus solide, quoi de plus facile que de trouver dans d'autres Etats étrangers, qui produisent aussi, des ennemis à la prospérité nationale… Ainsi, dans les troubles qui accompagneront la crise du capitalisme industriel, la richesse renouera de nouveau ses liens séculaires avec la violence et le pouvoir et, comme devant, l'un redeviendra la condition de l'autre.

⋆ ⋆
⋆

Le but de cet ouvrage fut d'étudier la véritable nature de la richesse matérielle, de même que les diverses voies par lesquelles elle peut être acquise. Chemin faisant, nous avons compris la contradiction fondamentale inhérente au capitalisme industriel : l'opposition entre les intentions qui animent le capitaliste et les moyens qu'il emploie pour y parvenir. Aussi, celui-là ne serait-il qu'un intermède dans la longue histoire de la richesse qui est en un sens celle de la civilisation tout entière. Notre analyse pourrait donc ici s'arrêter en toute logique. Néanmoins, la conclusion et le triste regard qu'elle nous fait porter sur l'avenir m'empêche de poser la plume et je soupçonne le lecteur qui a bien voulu suivre et approuver notre raisonnement de partager mon sentiment. Je pense en effet que les divers moyens de poursuivre la richesse ne puissent nous laisser indifférents et qu'il y en ait qui soient de loin préférables aux autres : le commerce pacifique à la guerre, la liberté politique à la toute-puissance étatique. Toutefois, si ces préférences restaient extérieures à la substance de la richesse, elles ne relèveraient en dernier ressort que d'attitudes subjectives à son égard qui, de ce fait, ne seraient susceptibles d'aucune critique. Mais il suffira de se tourner vers la nature de la richesse elle-même pour se persuader qu'elles peuvent trouver en celle-ci une raison objective. Car cette nature, avons-nous dit, consiste à vouloir et pouvoir disposer des choses sans avoir à les produire ni en produire d'autres en contrepartie. Or, cette définition contient des conséquences qu'il n'était pas utile jusqu'à présent d'expliciter tant qu'il fut question de la confronter à l'opinion qui veut voir dans le travail humain productif la cause de la valeur. La première de ces conséquences est qu'elle implique la jouissance tranquille de ces choses, autrement dit : non seulement que je sois libéré de la contrainte de les produire de mes propres mains mais, encore, que je ne sois point forcé de m'en garantir la possession par une autre activité. Et il va sans dire que, de ce point de vue, les chemins qui mènent à la richesse sont loin de se valoir. La fortune n'est certes pas pareille selon qu'il faut la disputer à la pointe de l'épée, que l'on puisse l'acquérir par la transaction commerciale ou qu'elle oblige son détenteur à tenir son rang dans une organisation sociale hiérarchisée, régie par des représentations collectives figées. Et il n'y a pas que le repos, la tranquillité ou la liberté personnelle de son bénéficiaire qui varie dans ces trois exemples. C'est le contenu même de la richesse, l'ensemble de ces choses dont on veut disposer pour elles-mêmes qui font l'agrément des sens et la joie de l'esprit, en un mot qui constituent la culture matérielle et spirituelle d'une civilisation qui s'en trouve affectée. Car l'homme riche, affranchi des besognes de la production reproductive, n'est pas uniquement le consommateur de ces choses-là ; il en est, par le loisir dont il jouit ou qu'il peut élargir à d'autres, le créateur immédiat ou indirect. Et ce loisir ne sera ni de même ampleur, ni de même nature dans les exemples cités.

Mais afin de quitter les raisonnements généraux et illustrer notre propos par des figures concrètes, je n'en trouve point de plus frappante que celle qui oppose Sparte à Athènes, ces deux peuples issus d'un tronc commun mais dont l'histoire a suivi des cours si divergents. Dans l'une, on voit une race guerrière établir sa domination, tenir en respect des populations asservies pendant de longs siècles, instaurer entre les citoyens la plus stricte égalité et discipline, à vrai dire celle de la camaraderie de la vie de caserne. À juste titre, le poète disait d'eux qu'ils moissonnaient avec l'épée. Or, valait-il la peine de troquer la faucille pour le glaive pour une si maigre récolte ? Aucun art, ni science, n'a jamais fleuri dans la vallée de l'Eurotas, sauf celle de la chose militaire qu'ils ont su porter à la perfection de leur temps. À celle-ci fut vouée la totalité de leurs loisirs et il n'aurait pu en être autrement tant qu'ils entendaient conserver leurs possessions. L'autre, la cité d'Athènes, nous offre un spectacle bien différent : l'empire qu'elle gouvernait, son hégémonie commerciale suite à ses victoires sur les Perses, lui permirent d'apaiser en son sein les conflits civils et d'assurer à tous, riches et pauvres, la disposition libre et pacifique de leurs biens et ainsi d'instaurer le régime de la liberté politique. Sous ce ciel propice, dans l'air « vivifiant » de la démocratie, la richesse a produit d'autres fruits, si abondants que l'ensemble de la culture grecque classique à, sinon vu le jour, du moins prospéré sur le sol attique.

Le mode selon lequel la richesse peut s'acquérir est donc de la plus haute importance pour le contenu de celle-ci et, par conséquent, de la civilisation matérielle et spirituelle même. Et l'évolution de la richesse sous l'influence du capitalisme industriel apporte à cette vérité une preuve supplémentaire. Sa dynamique interne qui vise la destruction de la valeur rend la richesse accumulée de moins en moins sûre, obligeant l'homme fortuné à demeurer dans le souci de la production, l'innovation et la concurrence, bref dans les affaires. Il restreint sa capacité à soutenir et incarner la civilisation; la richesse s'avilit d'une certaine manière; le brassage incessant des capitaux ne produit plus de véritable opulence ni de réel loisir. Elle est comme une terre qu'on laboure sans cesse sans qu'elle puisse demeurer au repos pour porter des fruits. À plusieurs reprises, j'ai usé du terme «agitation stérile» pour peindre le climat social dans lequel nous vivons: il prend ici son sens précis. La richesse elle-même se remplit d'activité impérative, de nec-otium, de négoce. De la même façon que le spartiate ne pouvait poser son arme, le riche contemporain ne saurait poser son téléphone, si bien qu'insensiblement l'image sociale de la richesse s'altère aussi et s'impose par mimétisme à ceux qui la recherchent. Elle ne se distingue plus de la vie ordinaire par sa qualité mais uniquement par la quantité, elle n'est plus de nature différente. L'homme riche a, fait, possède davantage du même, il évolue au même niveau où il remue simplement plus d'argent. Il n'y a pas d'autres explications à la barbarisation et l'inculture croissante de notre société: c'est la corruption de la richesse par le négoce auquel plus aucun pan de la vie privée ne peut se soustraire et qui ramène toute chose, toute parole, toute action, tout service, à son expression monétaire. Ainsi sommes-nous entrés dans l'ère de l'insignifiance universelle où tout devient instrument en vue d'un but désormais hors d'atteinte si tant est qu'il soit encore perçu.

Puisque notre analyse a conclu que cette situation ne peut durer indéfiniment, nous pourrions considérer la perspective de sa fin avec un réel soulagement s'il n'était que les conditions qui gouverneraient alors la possession des biens ne seraient guère plus favorables au progrès de la civilisation. La collusion du pouvoir étatique et l'intérêt marchand, la stabilisation de l'un par l'autre, exigent de tous ceux qui y participent l'adhésion inconditionnelle à un système autoritaire, l'absence d'esprit véritablement critique, une rigidité mentale à l'image de la société qu'elle sert de soutien. De ce conformisme anesthésiant, il est possible déjà maintenant d'apercevoir les signes avant-coureurs qui lui promettent un bel avenir. En revanche, la richesse mise ainsi au service d'un système politique qui la distribue à ses membres, devient aussi stérile que l'autre variante que nous venons de passer en revue. Et, par contraste, il nous apparaît que le seul climat sous lequel la richesse peut produire ses biens qui sont son contenu propre, soit la civilisation elle-même, est celui de la liberté qui n'est autre que la faculté de disposer de ses possessions sans contrainte.

Lorsqu'on survole du regard le millénaire de l'histoire européenne qui vient de s'achever, la conjonction de la liberté et de l'extraordinaire floraison des arts, des sciences et de la philosophie, ne manque pas de frapper l'esprit. Si notre continent a porté la civilisation dans tous les domaines à un degré d'avancement, de perfection et de profondeur tel que notre culture a fini par l'emporter sur toutes les autres, c'est, il me semble, grâce à cette conjoncture exceptionnelle, ce régime tempéré dans lequel la richesse a pu y être recherchée. D'une part, le goût et l'aptitude à créer et à produire et donc d'ajouter à la totalité des choses susceptibles d'être désirées pour elles-mêmes et qui constituent la richesse. De l'autre, le désir de richesse lui-même, qui saisit en ces progrès des occasions renouvelées de parvenir à ses fins. Il s'en est suivi dès les commencements l'émergence de la liberté politique dont les communes du Moyen Age ont été la première expression et qui est le résultat de la manière spontanée et pacifique selon laquelle la richesse passe de main en main. La liberté n'est pas que le fruit d'un combat politique, la victoire contre un quelconque oppresseur ou ennemi intérieur, mais plutôt elle naît de l'heureux équilibre entre le goût d'entreprendre, d'innover, de produire, et la volonté de posséder qui a été donné à l'Europe de préserver pendant de longs siècles et qui a permis d'évacuer peu à peu la lutte pour la richesse de la sphère politique. Cet équilibre est aujourd'hui rompu et, avec lui, la liberté elle-même menacée risque d'entraîner notre civilisation dans les abîmes d'une barbarie moderne alors que, en mille ans, nous avons atteint des sommets et que, partout où nous tournons le regard, nous dominons. Et bien que l'air que nous y respirons soit trop léger et que notre entreprise de donner à l'homme des motifs raisonnés de tenir à cette vie, de l'aimer et d'y espérer n'ait pas encore abouti et que la vue de cette longue carrière des efforts de tant de grands esprits qui n'y ont pas réussi nous décourage et que l'abandon nous tente, nous devons à nous-mêmes et au reste du monde de nous maintenir à ces hauteurs. Aussi, cet équilibre jusqu'à maintenant comme la formule secrète de notre succès, de nous-mêmes ignorée, nous devons le rechercher consciemment, essayer de le rétablir en connaissance de cause. Pour cette raison, nous ne pouvons nous accommoder de la situation présente ni acquiescer à celle qui menace d'advenir, mais devons penser à restaurer la liberté et la véritable richesse dans toute la fécondité dont elle est capable.

XIII

DE LA POSSIBILITÉ D'UNE RÉFORME ET DES MOYENS DE LA RÉALISER

Pour qu'une démocratie naisse, dure et prospère, il est nécessaire que la puissance politique qu'elle met en diverses mains ne doive servir à l'acquisition de la richesse mais que celle-ci puisse être recherchée, obtenue et conservée par d'autres moyens. Pour cela, elle ne peut tirer son origine du plébiscite du peuple souverain comme le prétend une certaine phraséologie révolutionnaire mais son avènement présuppose une sociabilité spontanée en laquelle consiste en effet le rapport marchand puisqu'il se distingue du rapport politique en ce qu'il est librement consenti et ne subit aucune autre contrainte que celle des conventions privées. Au fur et à mesure que ces liens pacifiques se multiplient et s'étoffent et que les hommes se tournent vers le commerce et les affaires dans le but de s'enrichir, l'action étatique qui vise à prélever, à distribuer et à garantir l'opulence à ceux qui le soutiennent et forment son armature, devient sans objet et sera abolie. Une fois l'État affranchi de sa fonction prédatrice, il peut devenir la propriété de tous les citoyens et l'instrument de décisions prises en vue d'un intérêt commun.

Je n'entreprendrai pas ici de défendre cette conception historique et positive de la démocratie contre ceux qui voient en elle une valeur absolue, valant pour toute société qui ne peut en être privée que par l'ignorance de ses membres ou par la tyrannie de ceux qui la gouvernent. Car cette défense demanderait des réflexions et des éclairages historiques qui nous mèneraient bien trop loin de l'objet de ce discours et nuiraient à sa cohérence. Cependant, je ne peux pas ne pas évoquer cette idée puisqu'elle est de grande conséquence pour la solution du problème qui nous préoccupe : la mise en œuvre de mesures tendant à diriger la poursuite de la richesse dans des voies plus conformes à la civilisation. S'il est vrai que l'existence de la démocratie exige que la question de la richesse soit résolue en quelque sorte spontanément, il semble qu'il soit impossible qu'elle puisse toucher elle-même à cette question et réparer pour ainsi dire le socle sur lequel elle est assise. La difficulté se présenterait de la manière suivante : est-il possible d'exécuter par décision démocratique une idée générale touchant le mode d'acquisition de la richesse en vue d'un avantage commun dont la réalisation dépend de l'abandon par tous d'un intérêt particulier immédiat ? Je ne partage pas l'optimisme que ne manqueraient d'afficher ici les tenants de la démocratie intemporelle et universelle mais je ne crois pas davantage que l'histoire soit comme une prison et ses lois des chaînes qu'on ne pourrait briser. Ainsi, au lieu de trancher ce nœud de façon péremptoire, il est sans doute préférable d'examiner d'abord les réformes qu'il faudra envisager puis la faisabilité politique de leur application.

La nature de la crise que nous traversons est la généralisation du mode de production capitaliste qui détruit la valeur par la recherche ubiquitaire de la productivité et rend impossible la constitution de la richesse. Aussi, cette recherche devient-elle sans objet ; elle remplit la société d'une activité fiévreuse mais vaine, une agitation permanente qui engendre des valeurs factices parce que relatives et utiles seulement à ce mode de vie dégradé. Cela a été dit. Il suffirait donc pour y échapper et retrouver les réjouissances de l'existence d'arrêter cette course. Mais il apparaît de suite qu'une telle initiative ne saurait être du ressort des individus pris dans cette compétition incessante mais uniquement de l'État qui doit ici incarner l'intérêt général. Cet intérêt toutefois ne serait pas perçu par tous. Ceux qui vivent d'un revenu au sein des industries soumises à concurrence y verraient sans doute l'assurance de la pérennité de leur emploi et de leurs salaires. Mais les entreprises, habituées depuis longtemps à évoluer à l'échelle mondiale où elles profitent de l'écart toujours considérable des coûts de main-d'œuvre entre les divers pays, réagiraient par une fuite massive hors du territoire national, voire européen.

Il s'ensuit qu'une telle mesure devrait s'accompagner nécessairement d'une politique protectionniste et de barrières tarifaires élevées. Or, tant que les entrepreneurs voient dans la libre circulation des marchandises et des capitaux non une menace mais une source de profit, l'adoption d'une telle stratégie sera vigoureusement combattue. Quand alors cette résistance pourra-t-elle faiblir? Lorsque la faiblesse des salaires et l'endettement excessif réduira à tel point la demande que la revendication et l'instabilité politique prendra le dessus sur les calculs économiques et que tous tenteront de se nicher sous l'aile protectrice de l'État. Cette révolution des esprits se traduirait sur le plan pratique par la recherche et la constitution du monopole qui met le profit à l'abri d'une concurrence devenue ruineuse. Mais cette collusion spontanée entre l'État et la société marchande, déjà évoquée, n'est pas précisément ce que nous entendons par des mesures d'intérêt général. Elle ne pourra se faire qu'au bénéfice d'un groupe restreint et, finalement, au détriment de la liberté publique qu'elle sacrifie sur l'autel de la richesse alors qu'une idée de politique générale devra au moins réconcilier les deux.

Au lieu de prendre des décisions autoritaires, coercitives et inefficaces, ne serait-il pas préférable de désamorcer la course sauvage à la productivité là où elle prend naissance, dans l'entreprise elle-même, et d'en retirer l'aiguillon du profit? J'ai toujours pensé que ceci pourrait se faire le plus aisément par le développement conséquent de l'actionnariat des salariés qui deviendraient ainsi de simples facteurs de production, copropriétaires de leur société. Une baisse unique mais substantielle des rémunérations devrait donner droit à l'attribution progressive d'actions jusqu'à l'obtention de la majorité des droits de vote par l'ensemble des salariés. Dans pareille configuration, la concurrence ne pourrait plus opérer par la réduction de la main-d'œuvre employée, ni par la pression sur les salaires, ni à plus forte raison par la fermeture ou le transfert des unités de production. Au lieu de poursuivre le profit, l'entreprise deviendrait simplement génératrice de revenus et finirait ainsi par épouser d'elle-même et sans contrainte le seul rôle qu'elle peut tenir au stade accompli final de l'économie capitaliste. La recherche de la productivité n'y serait pas nécessairement abandonnée mais, dans ce nouvel environnement, elle déboucherait soit sur la diminution du temps de travail pour les employés actionnaires, soit sur un surcroît de valeur, autrement dit de beauté, d'agrément ou de commodité, ajouté aux fabrications. Une émulation par la qualité pourrait alors se substituer à la compétition par les prix. Mais surtout la création toujours plus abondante de temps libre et donc de liberté tout court doit ici retenir notre attention. Car elle devrait détourner insensiblement notre intérêt de tous ces appareils dont le seul usage consiste à gagner du temps dans la vie quotidienne. Non pas que nous abandonnerions leur utilisation et que nous préfèrerions voyager à cheval plutôt qu'en voiture et laver à la main plutôt qu'à la machine, mais notre empressement a en développer toujours d'autres, plus « performantes », s'en trouverait sans doute nettement amoindri. Une existence plus calme et sereine s'ouvrirait et, avec elle, le chemin vers d'autres joies et d'autres objets à nos désirs. Peut-être même que les hommes, délivrés du piège mortel où les enferme le fonctionnement aveugle de l'économie moderne, trouveraient sans le passage par la richesse matérielle à nouveau le sens du vrai et le goût du beau qui est l'essence de la civilisation elle-même. Et quand bien même cette vision relèverait de l'utopie, je crois percevoir dans ce grand espace de liberté ainsi découvert tant d'occasions de créer, de produire et de répondre à des besoins et des plaisirs nouveaux que celui de posséder et de s'élever par la richesse pourra encore une fois s'exprimer d'une manière propice à l'avancement de l'esprit humain.

La réforme de l'entreprise par actions, bien que principale, ne peut suffire à elle seule à la libération de la société car l'ensemble de la production des biens ne relève pas de celle-là. On pensera ici par exemple aux denrées agricoles. Dans ces domaines, l'instauration de prix administrés s'avérera nécessaire mais, avant tout, s'impose la protection douanière de la zone économique intéressée par cette politique. Enfin, il faudrait qu'elle soit appliquée uniformément à la totalité des entreprises, faute de quoi certaines bénéficieraient d'un avantage compétitif sur d'autres qui ne s'y conformeraient pas.

Aussi se repose ici la question des modalités politiques permettant de réaliser cette réforme sans lesquelles nous ne ferions qu'entrevoir la terre promise, tel Moïse, sans jamais pouvoir la fouler du pied. Et pour cela, force est de constater que ces propositions ne peuvent rencontrer l'appui d'aucun intérêt particulier: les salariés rechigneront à échanger une partie de leur rémunération contre des parts sociales et n'auront guère confiance dans la continuité et l'aboutissement final du processus d'appropriation; les actionnaires propriétaires, malgré l'avantage initial que constitue la baisse des charges salariales, craindront la perte ultime du contrôle de leur société. Les uns y redoutent la concession initiale, les autres, la perte finale, et tous ne seront unis que dans la défiance commune envers une mesure dont l'intérêt n'est compris que dans une vue globale du fonctionnement de l'économie. Le problème se résume ainsi de la manière suivante: pourvu que tous soient persuadés de la pertinence de cette représentation, serait-il possible que les transformations qu'elle rend souhaitables soient réalisées par décision politique dans un État démocratique? Pour ceux qui croient que l'action de l'État puisse se résumer à n'être, idéalement que l'expression de la volonté de l'opinion publique, la réponse devrait être positive. En ce qui me concerne, cependant, je n'ai jamais supposé qu'il fût possible qu'une idée d'intérêt général suffise à fonder l'État et le pouvoir public. Car l'idée d'un bien public qui requiert donc que chacun, pour en bénéficier, renonce à un avantage qu'il a auparavant coutume de rechercher par les moyens privés, implique l'existence de l'État plutôt qu'il ne lui donne naissance. En effet, il faut la force publique pour qu'elle puisse obliger les particuliers à renoncer à la force privée, étant donné que ce renoncement met celui qui y consent en position de faiblesse vis-à-vis de celui qui s'y refuse. L'État ne tire pas son origine d'une volonté commune animée par la perception d'un bien commun. Toutefois, une fois bien établi, ne serait-il pas capable de l'imposer ? Il le serait, bien entendu, à cette condition toutefois que ce bien de la réalisation duquel on veut le charger soit compatible avec sa capacité d'agir dans l'intérêt de la société dans son ensemble et ne compromette pas sa liberté d'action. Au tout début de ce chapitre, j'ai évoqué le fondement de cette liberté qui est l'existence d'un rapport social sui generis dans l'échange marchand qui structure la société et règle l'accession à la richesse. Tant que celle-ci est poursuivie et obtenue par des moyens violents, l'État en est à la fois l'instrument et l'expression : il est investi par elle et réunit en lui-même la richesse et la puissance. La dissociation des deux dans la société marchande laisse à l'Etat la puissance mais le libère de sa fonction prédatrice. C'est alors que l'État peut devenir démocratique, relâcher son emprise sur la société et agir en vue d'un bien perçu par une majorité de citoyens.

Si on m'accorde cette conception de la nature de l'État démocratique, on comprendra aisément la raison qui empêchera l'Etat d'agir lorsque la société marchande ne parvient plus à réguler la distribution de la richesse : il apparaît alors de nouveau comme le moyen d'y accéder et de la consolider. Il devient l'enjeu de luttes politiques de plus en plus âpres. Ballotté entre les factions, il y perd sa liberté d'action. Il n'est plus démocratique que de nom et cette épithète en vérité ne sert plus qu'à l'exposer à toutes les convoitises, à tous les appétits de pouvoir. C'est ainsi à l'instant même que l'exécution d'une idée générale d'intérêt public devient urgente, que la capacité qu'a l'État de la mettre en œuvre faiblit dangereusement. Et quelque nette et pénétrante soit l'idée que nous ayons des dispositions à prendre, il me semble en effet que les moyens de les appliquer nous échapperont. En revanche, nous n'échapperons pas aux troubles et à l'anarchie où sombre une démocratie qui perd ses assises, ni à l'émergence dans la souffrance et au milieu de mille dangers d'un pouvoir personnel.

Je n'arrive pas le cœur gai ni l'esprit léger à cette conclusion et s'il y a bien un point sur lequel je ne me soucie guère de voir l'avenir me contredire, c'est bien celui-là. Contrairement aux maladies du corps, les maux des sociétés sont ceux dont la claire intelligence de leurs origines lointaines par ceux qui en souffrent contribue le mieux à leur guérison. À celle-ci, j'ai destiné cette recherche de la nature véritable de la valeur marchande et la richesse matérielle. Il ne peut être indifférent à la solution possible de nos difficultés que le plus grand nombre ait une pensée juste de leurs causes et des remèdes qui permettent de les surmonter. La politique est avant tout un art pratique et on aurait tort de s'y laisser enfermer dans des impossibilités théoriques aussi plausibles qu'elles soient. Si toutefois nos craintes se révélaient exactes et justifiées et que les nations d'Europe connaissent l'agitation politique, les luttes civiles et enfin, dans la lassitude générale qui suivra toutes ces violences, la réunion de tous les pouvoirs dans la main d'un seul, au moins pourra-t-on espérer qu'il trouvera dans ces idées les moyens de faire coïncider l'intérêt de tous avec le sien propre, qui ne peut être que de gouverner un peuple prospère, heureux et pacifié.

TABLE DES MATIÈRES

L'HARMATTAN ITALIE
Via Degli Artisti 15; 10124 Torino

L'HARMATTAN HONGRIE
Könyvesbolt ; Kossuth L. u. 14-16
1053 Budapest

L'HARMATTAN BURKINA FASO
Rue 15.167 Route du Pô Patte d'oie
12 BP 226 Ouagadougou 12
(00226) 76 59 79 86

ESPACE L'HARMATTAN KINSHASA
Faculté des Sciences sociales,
politiques et administratives
Université de Kinshasa
BP243, KIN XI

L'HARMATTAN CONGO
67, av. E. P. Lumumba
Bât. – Congo Pharmacie (Bib. Nat.)
BP2874 Brazzaville
harmattan.congo@yahoo.fr

L'HARMATTAN GUINÉE
Almamya Rue KA 028, en face du restaurant Le Cèdre
OKB agency BP 3470 Conakry
(00224) 60 20 85 08
harmattanguinee@yahoo.fr

L'HARMATTAN CÔTE D'IVOIRE
M. Etien N'dah Ahmon
Résidence Karl / cité des arts
Abidjan-Cocody 03 BP 1588 Abidjan 03
(00225) 05 77 87 31

L'HARMATTAN MAURITANIE
Espace El Kettab du livre francophone
N° 472 avenue du Palais des Congrès
BP 316 Nouakchott
(00222) 63 25 980

L'HARMATTAN CAMEROUN
BP 11486
Face à la SNI, immeuble Don Bosco
Yaoundé
(00237) 99 76 61 66
harmattancam@yahoo.fr

L'HARMATTAN SÉNÉGAL
« Villa Rose », rue de Diourbel X G, Point E
BP 45034 Dakar FANN
(00221) 33 825 98 58 / 77 242 25 08
senharmattan@gmail.com

Achevé d'imprimer par Corlet Numérique - 14110 Condé-sur-Noireau
N° d'Imprimeur : 80595 - Dépôt légal : juillet 2011 - *Imprimé en France*

www.ingramcontent.com/pod-product-compliance
Lightning Source LLC
LaVergne TN
LVHW051354061026
849535LV00009B/3175